U0131909

晚明的崩溃

聂作平 —— 著

湖南人民出版社·长沙

本作品中文简体版权由湖南人民出版社所有。
未经许可，不得翻印。

图书在版编目（CIP）数据

晚明的崩溃 / 聂作平著. -- 长沙：湖南人民出版社，2024.4
ISBN 978-7-5561-3224-9

Ⅰ. ①晚… Ⅱ. ①聂… Ⅲ. ①中国历史－明代－文集 Ⅳ. ①K248.07-53

中国国家版本馆CIP数据核字（2023）第059765号

晚明的崩溃
WANMING DE BENGKUI

著　　者：聂作平
出版统筹：陈　实
监　　制：傅钦伟
产品经理：杨蕙萌
责任编辑：田　野
责任校对：张命乔
封面设计：异一设计

出版发行：湖南人民出版社［http://www.hnppp.com］
地　　址：长沙市营盘东路3号　　邮　编：410005　　电　话：0731-82683313

印　　刷：长沙鸿发印务实业有限公司
版　　次：2024年4月第1版　　　　　　　印　次：2024年4月第1次印刷
开　　本：880 mm×1230 mm　1/32　　印　张：9.625
字　　数：175千字
书　　号：ISBN 978-7-5561-3224-9
定　　价：59.80元

营销电话：0731-82221529（如发现印装质量问题请与出版社调换）

目 录

皇帝
不能承受
之轻

大明隆庆六年（1572），35 岁的隆庆皇帝去世。次年他 10 岁的儿子朱翊钧即位，是为万历皇帝。在大明十余位皇帝中，万历是唯一的冲年继位者。明摆着，一个 10 岁的小朋友，不可能真正地治国平天下。但大明的江山没有因龙椅上坐的是一个小屁孩而变天变色，在于稳定的文官制度已经深入人心。皇帝虽然只有 10 岁，但作为一种威权的象征，诸位顾命大臣可以假他之名号令天下。

隆庆去世时，留下的遗产除了万里江山，还有众多美丽的遗孀。其中一位遗孀姓李，是一个年轻女子，这就是万历的生母。母以子贵，万历继位后，原本只是贵妃的李氏被尊为皇太后。这个二十几岁就丧夫的女子，饱读圣贤书，一心想把她亲爱的儿子培养成大凡有志向的皇帝都意淫不止的"尧舜禹汤"——扬州小无赖出身的韦小宝管这叫"鸟生鱼汤"。

她每天五更把小皇帝从被窝里揪出来，胡乱洗把冷水脸后，就必须苦读诗书。有一回，小皇帝偶尔和几个太监嬉戏，不慎砍伤了一个小太监，李太后又怒又气，几乎动了要废掉他的念头。李太后不仅自己对小皇帝严加管束，还一再给身为顾命大臣的张居正打招呼，要求张居正对万历怎么严格就怎么来。

饱学而严肃的张居正果然不负李太后厚望，一心一意地按照他所理解的明君与圣君的标准来培养和要求万历。对这位既是帝国首辅，又是自己老师的老先生，万历常常感到不由自主地敬畏。有时候，当万历不肯用功读书，李太后就吓唬他："你要是不听话，我就告诉张先生。看他怎么收拾你。"

——倘若张居正和李太后知道他们苦心孤诣想要培养的明君，后来竟成了大明帝国衰落的病根子，恐怕会气得拍着棺材板跳起来。

张居正是典型的儒士。在儒家传统里，皇帝爱民纳谏，臣子忠心事君，天下就可以大治。也就是说，儒家认为，只要从皇帝到臣子，人人都是一无瑕疵的道德楷模，天下离大同便不远了。

但是，皇帝英明或暗弱，大臣忠贞或奸猾，这些印象式的东西都不能用精准的数目字去评估。历代的所谓明君或昏君，也没有一个统一的国家标准，不过是一些对前代帝王事迹的归纳和类比。孟子先生在两千多年前认为，所谓明君，也就是能够使他治下的百姓"仰足以事父母，俯足以畜妻子"——丰收之年能够吃上饱饭，灾荒之年不至于窜死他乡。这标准看上去很低，但真正做到了这一点的，在历朝历代六百多位皇帝中，其比例不超过十分之一。更何况，皇帝也是肉身凡胎而不是神，再优秀的皇帝，和人们——尤其是那些苛刻到了吹毛求疵地步的儒士出身的官员——心目中的明君总是有着永远无法消除的差距。哪怕天纵英明如唐宗宋祖，也曾一再遭遇来自他们的臣民的批评。

因此，当张居正和李太后用古已有之的明君榜样来激励万历时，在这个日渐成长发育的皇帝心中激起的，很可能是不以为然，甚至是反感。很多年以后，当李太后和张居正都成为过去式，长大成人的万历终于可以威福自专时，他并没有像他的老师和母亲教导的那样，去学习做一个明君。恰恰相反，他走向了明君的另一面：昏君。历史学家孟森先生坚持认为，大明的灭亡，并不是亡于崇祯，而是亡于万历。苦命的崇祯，不过是替他的糊涂爷爷受过还账而已。

其实，万历一开始也打算做明君，他在位的前十年，任用张居正，厉行改革，意图富国强兵，以至有中兴迹象。只不过，如同昙花之一现，万历的勤政很快就被怠政取代。引发这种 180 度大转弯的，很大程度上，仅仅由于万历是一个相信爱情的人——我们必须知道的是，很多时候，爱情只是生活的调味品；如果把调味品当成了主食，即便是普天之下莫非王土、率土之滨莫非王臣的皇帝，同样也是一种不能承受之轻。

从法律上讲，皇帝拥有包括皇后、贵妃、妃、嫔、昭仪、婕妤、才人和美人在内的几十个老婆，这还不算宫中地位低下，姿色却夺人心目的众多宫女——后来继承万历"革命事业"的光宗，就是万历心血来潮时，偶然和一个王姓宫女发生一夜情后播的种。

按惯例，一个想得到皇上雨露滋润的女人，一般得来自名门望族，并经过层层苛刻而古怪的选拔，才能和众多女人一起，分享皇帝的爱情。这种程式化选拔出的女子，毫无疑问，重要的不是她们是否漂亮，是否性感，而是是否端庄，是否温良恭俭让。

早在朱元璋时代，这位爱唠叨的开国天子就令儒臣们按他的指示编写了一本《女诫》，一再警告他的儿孙们："治天下者，正家为先。正家之道，始于谨夫妇。"就是说，作为皇帝，他虽然拥有无数女人，但真正有名位的那些个皇后和妃子，皇帝不应该对她们是否貌美，是否和自己情趣相投提出要求，要求的是所谓端庄娴静的品行和母仪天下的风范。

翻翻历史上留下来的那些皇后和贵妃们的画像，她们一个个表情严肃，五官呆板，看上去更像是研究微生物或盐化工的科学家。要想在其中找出一两个有女人味的美女，并不比在青楼里发现贞女更容易。在礼制的仪轨下，皇帝和他的女人们之间最重要的关系不是爱情，也不是性，而是同样仪式化了的发乎情止乎礼的政治。

但万历想要爱情，想要正常人的爱情，而一个姓郑的女子罕见地给予了他渴望的爱情。

这个姓郑的女子，史称郑贵妃，是河北大兴（今北京大兴）人。与其他嫔妃在皇帝面前要么战战兢兢，要么努力扮出一副严肃模样不同，郑贵妃的性格，从史书上寥寥可数的记载看，她是一个聪明而活泼的美女——聪明在成千上万的宫女中，自然不乏其人，但聪明的同时还拥有活泼，或者说敢于活泼，则寥若晨星。

黄仁宇先生认为，郑氏和万历具有共同的读书兴趣，同时又能给万历以无微不至的照顾。这种精神上的一致，使这个年轻女人成了皇帝身边一个不可或缺的人物。万历大婚时所娶者为王皇后，其时，万历只有 14 岁，王皇后只有 12 岁，还是一个几乎没有发育的黄毛丫头。

等到万历与郑贵妃相遇时，他们一个 18 岁，一个 14 岁，正是情窦初开的花骨朵一样的年龄。现在这年龄拍拖，父母不免要切责：长知识长身体的时候，怎么能早恋？但几百年前的大明帝国不同，这个年龄，早就该谈婚论嫁了。

这个 14 岁的女子能得到 18 岁的皇帝发自内心的爱，除了黄仁宇先生说的他们精神上的一致外，还有一点，那就是郑贵妃敢于在万历面前表明自己是一个有血有肉的女人。在她眼里，万历固然是凌驾于万民之上的天子，但同时也是一个需要温柔与抚慰的男人。当其他嫔妃在万历面前百依百顺，内心深处却保持着距离和警惕时，郑贵妃却敢挑逗皇帝，甚至和皇帝开玩笑，用撒娇的口吻对他说："陛下，你真是一位老太太。"这种貌似犯上的肆意之举，正好搔着了万历的痒处——身为皇帝，其实也就成了天底下最寂寞的没有朋友更没有知音的"寡人"，他既不缺权力，也不缺美色，唯独缺少真正的爱情。终其一生，万历一直对郑贵妃深爱如一，直到多年后郑贵妃已从当年的青春小女子变成臃肿老妇人。

万历和郑贵妃生育了一个儿子，这就是朱常洵。爱屋及乌，万历对这个排行老三的儿子表露出了空前的溺爱，他甚至有把朱常洵立为太子，百年之后承继大位的想法。然而，按照历代——尤其是本朝太祖定下的规矩，皇位的继承原则乃是有嫡立嫡，无嫡立长。王皇后固然没有生育，但万历偶然和王宫女的一夜情，却生下了他的长子，也就是朱常洛。虽然万历万分不情愿，但按规矩，他必须得立自己不喜欢的长子为继承人。

在爱情与规矩之间，万历理所当然地倾向于前者。但是，规矩同样不可逾越，尤其是朝廷里那一帮大臣，自从他们看出了万历的企图后，上书要求尽早册立太子的奏章便如同雪片一般飞来。

和后人想象中皇帝是无所不能的、随心所欲的不同，皇帝其实也要受到各方面的制约——当然，不讲游戏规则的暴君除外。大凡享国较长的王朝如汉唐宋明，大体上没出过多少暴君。与其说是这几个家族的基因更优秀，毋宁说深入人心的游戏规则对君权发挥着有效的匡正作用。一般来说，皇帝受到的制约主要来自祖制和清议，而敢用这二者去校正皇帝行为的，就是人数众多、面目模糊的文官集团。

当万历动了废长立幼之心，就好比捅了文官集团的马蜂窝。在文官们看来，皇帝此举，既不符合祖制，也有悖于清议。万历自知理亏，他始终不敢把废长立幼的想法付诸行动——哪怕口头上的公开表示也不敢。他只是一再拖延正常册立长子朱常洛为太子的时间，同时也对动辄用此事来批评自己的官员大发雷霆。到后来，当他明白自己虽然贵为天子，握有天下苍生的生杀予夺大权，却没法给自己心爱的女人一个最丰厚最深情的回报时，他对文官集团饱含憎恶，憎恶之下的过激之举就是消极怠工。

万历在位后期，这位曾经想做明君的皇帝越来越不理朝政，他对文官集团的批评或建议，一律置之不理。自从1585年以后，除了仅仅于1588年出城看了看自己的坟墓外，三十多年的时间，他竟然没有走出紫禁城一步。有人怀疑他可能染上了毒瘾，躲在深宫里吸毒。但史料更多表明，他并不吸毒，而是在躲避，在罢工。

这种前无古人后无来者的怠工造成的恶果是无法计算的，《明史》称：万历三十年（1602），"时两京缺尚书三、侍郎十、科道九十四，天下缺巡抚三、布按监司六十六、知府二十五"。我们平常只听说某个时代官员太多，像这种差缺如此之多高级官员的"盛况"，的确乃万历创造的人间奇迹。

此后，这种"人间奇迹"更是到了登峰造极的地步：1610年，中央政府六个部，只有刑部才有尚书，其他五个部全没有。六部之外的都察院长官都御史已空缺十年以上。锦衣卫没有一个法官，囚犯们关在监狱里，有的长达二十年之久也没人问过一句话。他们在狱中用砖头砸自己，辗转在血泊中呼号。囚犯们的家属聚集在长安门外，跪在地上遥向深宫中他们认为是神圣天子的万历号哭哀求，连路人也跟着一起哭。但万历还是没有任何反应。

大学士们一再上奏请求委派法官或指定其他官员办理，万历充耳不闻。不但请求任用官员的奏章万历不理不睬，官员们的辞职报告，也同样置之不理。辅臣李廷机年老多病，连续上了120次辞呈，万历一个字的批示也没有。最后李廷机不辞而别，万历也不追问，好像从来就没这回事。1619年，辽东经略杨镐四路进攻后金，在萨尔浒大败，阵亡将士5万人，开原和铁岭相继失守，沈阳危在旦夕，京师为之震动。全体大臣跪在文华门外苦苦哀求万历批准增发援军，万历依然不睬。大臣们又转到思善门痛哭，但同样没有任何结果。这种被柏杨称为"断头政治"的万历怠工模式，一直持续到万历去世才告一段落。

万历所宠爱的福王朱常洵没能如愿成为储君，而是受封到了河南，土地多达两万顷，大概也创下了历代藩王封地的最高纪录。万历三十二年（1604），福王结婚时，婚礼的费用是白银三十多万两，相当于帝国年财政收入的百分之十，甚至也是万历本人大婚费用的四倍多。等到后来李自成打下洛阳，扬眉吐气的义军把福王像猪一样宰了，和着鹿肉一起煮食，称为福禄（鹿）宴。

历尽30年艰辛才登上皇位的太子朱常洛，继位仅一月便死于急性肾炎——肾炎的起因，和郑贵妃有关。当时，早已年长色衰的郑贵妃痛失万历这个强大靠山，她怕遭到朱常洛的报复，一口气向朱常洛进献了几位绝色美女。孰料，就像久饿之后暴饮暴食最容易吃坏肚子一样，30多年里一直谨小慎微的朱常洛在绝色美女们的"围剿"下，很快就沉疴不起。

这个故事说明：

第一，就像上帝无法创造出一块他自己也背不动的石头一样，皇权也不是万能的。在帝国政治的博弈中，貌似强大的皇权甚至无法博取心爱的女人的欢心。

第二，爱情是一种微毒的奢侈品，这种奢侈品过于昂贵，即便是富有四海的皇帝，也不一定有足够的实力消费。所以，对一个想要成为明君的皇帝来说，他应当做到八个字：珍爱权力，远离爱情。

皇帝的
面子

甲申年（1644）春，李自成在西安称王。尔后，大军北进，势如破竹，直逼京师。非常令人不解的是，崇祯在李自成包围京师之前，差不多等于放弃了有效抵抗，仅仅依靠士气不振的残兵败将和宫里临时拼凑的一群太监坐守孤城。

这样的部队能抵挡得住在血雨腥风中冲锋陷阵多年的农民军吗？崇祯不会不明白这么浅显的道理。可他仍然义无反顾地选择了与他的国都共存亡，在京城陷落的前夜绝望自杀。崇祯下出如此臭棋，在于他是一个要面子的皇帝。死要面子活遭罪，这句鄙乡骂人的俗语，用在崇祯身上，再恰当不过。

崇祯最好的选择，无疑是南迁。明末农民军活动的主要省份包括陕西、山西、河南、湖北、安徽和四川等北方及中西部地区，至于长江以南的浙江、福建、江苏一带则基本未受大的波及。此外，南京还有一套自永乐时代便保留下来的政府机构，其目的就是一旦京师有变，南京能迅速发挥作用，稳定时局。

崇祯有过南迁的设想没有呢？有的。他的设想为什么没变成现实呢？那是他担心自己的面子受损。

甲申年正月初三，当人心动荡的北京城还沉浸在节日营造的欢快假象中时，左中允（左中允为管理东宫事务的詹事府属官，正六品）李明睿被崇祯召到德政殿议事。崇祯问李明睿有没有行之有效的紧急措施应变，李明睿要求崇祯屏去左右，低声提出了放弃京师迁都南京的策略。

崇祯不是没考虑过南迁——得解释一句，所谓南迁，当然也就是事实上的弃城逃跑，但官方的体面说法是南狩，即皇帝到南方去打猎。从字面上看，和逃跑没有半点关系。不过，尽管有官方的说法，但崇祯知道再怎么说南迁都不是一件体面的、圣君可以干的事情。他是一个虚荣自负的君主，怎么肯如此狼狈地南迁呢？南迁——逃跑也好，到南方打猎也罢——于他而言，都等于承认他继位十几年来的励精图治完全是瞎扯淡。

不过，在心灵深处，他也明白只有南迁这条路才能延续大明国祚。听罢李明睿的意见，崇祯故作姿态地说："这件事太重大了，还是不要轻易提。"李明睿继续劝说了一番，崇祯这才说出心里话："我是想这样做，只是无人赞襄，所以推迟到现在。你的意见与朕一样，但外边诸臣不从，怎么办？"接着又说："这件事情非常重大，你一定要保密，万万不能泄漏出去了，否则我就要重重地办你。"

当天中午，崇祯第二次召见李明睿，似乎想继续研究迁都之策，但李明睿可能以为圣意已决，就没再提此事，崇祯当然也不肯先提这没面子的事，便闭口不谈。到了晚上，崇祯终于忍不住了，第三次召见李明睿，仔细询问南迁的具体操作细节，李明睿一一作了解答。李明睿还劝崇祯把内帑拿出来作兵饷，并警告说："若中途不足，区处甚难。"吝啬的崇祯想把这笔费用算到国家财政头上，李明睿明确表示朝廷拿不出钱，"皇上为宗庙社稷计，决而行之"。崇祯终于完全同意，两人一直谈到二更方散。

问题来了：既然崇祯已经有预谋地和李明睿安排了南迁，为何迟迟不见行动，直到京师被攻破呢？

最根本的纠结在于，好面子的崇祯始终不肯把迁都之事由他本人提出来开会讨论。他希望由大臣们主动建议，然后他出面否定，大臣们再固请，他才"不得已"地迁都。这样，他就有机会不去背负丢掉首都的罪责。然而，大臣们早就看穿了崇祯的伎俩，如果这时公然提议迁都，日后万一追究放弃首都的责任，既然皇上是反对迁都的，那固请迁都的大臣不就吃不了兜着走吗？在大明江山和自家性命面前，没人愿意选择空洞的前者。

为了让大臣们固请，自己才不得不迁都的想法付诸行动，崇祯召见了首辅（也就是实际上的宰相）陈演，要求这位重臣站出来承担迁都的责任。他告诉陈演："此事要先生担一担。"

可是，陈演这种官场油子平时忠君报国喊得比山响，真到了要兑现的时候，却比泥鳅还滑。好几次朝议，崇祯一再暗示陈演站出来请求迁都，陈演却装聋作哑，绝口不提。崇祯气得大骂："朕要作，先生偏不要作。"最后，只好把陈演罢官了事——这时候被罢官简直是一桩幸事，京师业已沦为一座风雨飘摇、一夕数惊的危城。

既然由皇帝出面主持大规模的迁都，已由于崇祯的要面子和重臣们的要性命而流产，崇祯只得做出一副要与江山社稷共存亡、誓死守卫首都的慷慨模样。

但是，另一个问题又来了：如果崇祯真的决意殉国，他肯定希望在他死后，他的江山和后代还能延续。诚如是，他就应该让他的三个儿子离开即将成为地狱的京师。事实上，甲申年二月，左都御史李邦华已经提出建议：由崇祯坚守京师，太子南行南京应变。

然而，这却是崇祯最不愿意接受的方案：一旦照此方案执行，太子和一帮大臣可以安全而体面地撤退到南京，他却必须死守京师，最终以身殉国。李邦华竟然明说："在皇上唯有坚持效死勿去之议。"看来，李邦华把崇祯碍于面子不肯南迁，误认为皇上真的要在京师死磕。崇祯哑巴吃黄连，有苦说不出，只得对李邦华的建议讪讪地回应说："朕经营天下十几年尚不能济事，哥儿们孩子家做得甚事？先生们早讲战守之策，此外不必再言。"

于是乎，迁都南京和太子南巡两套方案均无疾而终。除了困守京师，坐以待毙，崇祯无路可走。与此同时，崇祯的死要面子，最终也让他的儿子们成为他的殉葬品。

甲申年三月十八日，距崇祯自杀不到二十四小时。这时，崇祯竟意外获得了一个死里逃生的机会。可惜，这个机会同样被他眼睁睁地扔掉了。其原因，仍然是他无法丢下皇帝的面子。

这天上午，一个叫杜勋的人在城外叫嚷着要守军用绳子把他吊进城里，他有重要事情向崇祯汇报。守城的太监和一些将领都认识杜勋，此人原是宫中尚膳监掌印太监，颇受崇祯重用，此前派往山西监军，后来在大同投降了李自成。

杜勋会有什么重要事情汇报呢？崇祯仿佛看到了一线生

机。和崇祯一起接见杜勋的，是内阁大学士（相当于副宰相）魏藻德。杜勋没有对他投降李自成的叛逆行径做任何解释或者表示一番礼节性的悔恨，反而"盛言李闯人马强众"。

原来，杜勋是给李自成当说客的。他向崇祯转达了李自成提出的议和条件：割西北地区给李自成，"分国而王"，并犒赏军费一百万。如是，李自成就带兵退往河南。据说李自成还表示，一旦封他为王，他愿意为朝廷扫平其他农民军，甚至帮助抵抗清军。

李自成提出这样的议和条件，令人有些不解。他的数十万久经沙场的大军已经兵临城下，京师的易手和大明的灭亡只是朝夕之间的事，他为什么要提出如此便宜崇祯的议和条件呢？

归根结底，在于李自成从骨子里对即将要推翻的这个已有两百多年历史的王朝心存疑惧——不是疑惧无法推翻，而是怀疑推翻它是否有充分的正义性。潜意识里，他仍把自己当成和政府作对的流寇。如果能通过高层次的招安而裂土封王，也算功德圆满，修成正果。

对李自成提出的分国而王并劳军的议和条件，崇祯怦然心动。然而，崇祯之所以为崇祯，就在于他是一个好面子慕虚荣到了极致的人，他不能容忍一个被他目为反贼的人和他讨价还价，甚至和他订立城下之盟。可李自成的主动议和却又是一个稍纵即逝的，甚至是最后的机会。于是，崇祯把同意议和的球踢给了魏藻德，希望由他来"说服"自己。他对魏说："此议如何？现在事情已经危在旦夕了，你就说句话定了吧。"

但是，魏藻德这只官场老狐狸却不愿担当与反贼议和的风险——崇祯十数年来对朝廷重臣的翻脸不认人，想必给魏藻德留下了深刻而可怕的印象。他对崇祯急切的问话竟默然不答，只是不断鞠躬。崇祯着急了，从龙椅上站起身，又接连几次征求魏藻德的意见，但魏藻德自始至终像个木头人，一声不吭。崇祯只得无可奈何地告诉魏藻德："我另有旨意，你回去吧。"他刚出门，暴怒而失望的崇祯一把将龙椅推翻在地。

哪怕命在旦夕之间，崇祯也不肯答应对手提出的相当优惠的议和条件。这并不奇怪，因为在崇祯的意识中，和反贼议和，或是给予反贼任何方式的同情，都与他高贵的皇室血统和高高在上的君王身份相悖——与此相似的，还有多年来与清军战和不定的摇摆决策。

这最后一根救命稻草，就这样被崇祯轻易扔掉了。他始终不能扔掉的，是自己的面子。为了面子，他只得在三月十八日最后的晚餐后遣散儿子，砍杀女儿，逼死妻妾，并在景山的一棵老槐树上吊死。

三百多年过去了，这棵吊死过末代皇帝的槐树在十年动乱期间被当作"四旧"砍掉。1981 年，景山公园管理处在原址新移栽了一棵小槐树。1996 年，公园管理处又将东城区建国门内北顺城街 7 号门前一株有一百五十多年树龄的古槐移植此处，替代了 1981 年移栽的小槐树。

时至今日，站在这棵假冒的崇祯绝命树前，大明帝国土崩瓦解的惨痛结局依然历历在目。在崇祯留下的遗书中，他继续为自己的误国害己强作粉饰，他坚持认为，自己不是亡国之君，而是大臣们误国。

这个故事说明：

第一，俗话说，"剥树莫剥皮，伤人莫伤面"。在中国，脸面是一种古怪的易碎品。为了面子，寻常百姓不惜一掷千金或流血五步，而皇帝则不惜与三百年江山一同走进坟墓。所以，友情提醒：面子太贵，敬请理性消费。

第二，一个反复无常的上司，要想让手下人在关键时刻给自己背黑锅担风险，比牵着一头骆驼穿过针眼儿还困难。

肥胖就是
不可饶恕的
原罪

从画像上看，大明开国皇帝朱元璋体形偏瘦，精神矍铄，符合他劳动人民出身的本色。但自从朱元璋登上皇位后，朱家的基因就在养尊处优中发生了巨大而深刻的变化：这位瘦祖宗的后代里，多肥胖之人。其中最肥胖的有三个，一个是明仁宗朱高炽，另两个是福王朱常洵和他的儿子朱由崧。

朱高炽是朱元璋的孙子，接父亲永乐的班登基，改元洪熙。朱高炽自幼就胖得出奇，身体总是不太好，即位不到一年，就因肥胖引发的严重心脏病一命呜呼。不过，生活于承平时代，又位登九五，吏民们如果幸福地见到了他们敬爱的皇上朱高炽，大抵免不了打心底恭维一声吾皇真乃大福大贵之相也。

眼睛一眨，母鸡变鸭。朱高炽死后两百余年，朱家的另一个著名胖子福王朱常洵粉墨登场了。不过，与老祖宗的盛世相比，朱常洵时代的大明已经日薄西山。这时候，在一群因饥饿而不得不冒着灭族凌迟风险揭竿而起的农民眼里，一个三百多斤的胖子，不仅点燃了他们的冲天怒火，还让他们自以为找到了那个罪恶时代的罪恶之源。

如前文所述，朱常洵是万历第三子，母亲郑贵妃。万历的皇后姓王，但王皇后没有生育一男半女。有一次，万历一时兴起，临幸了一个姓王的宫女，王宫女便生下了万历的长子朱常洛。按当年朱元璋定下的"有嫡立嫡，无嫡立长"和"东宫不待嫡，元子不并封"的继承法，身为长子的朱常洛是理所当然的太子。

但是，一则由于万历对郑贵妃的宠爱，二则由于万历认为朱常洛的母亲只是个一般宫女，因而迟迟不肯立朱常洛为太子。他的意图就像和尚头上的虱子一样明摆着：那就是要立心爱的女人郑贵妃所生的皇三子朱常洵为太子。

万历这种不顾祖制的行径，遭到了大多数正直大臣的批评，认为他是"欲以神器酬晏私之爱"。开初，万历对大臣们的批评，情绪很不稳定，反应非常过激，他痛骂这些大臣乃是"窥探上意，疑君卖直，好生无礼"。上疏者遭到或降职，或贬边地，或当众打屁股的处分。

然而，一个成熟的文官体制并不会因其中一部分人的升迁或降职而有根本改变；并且，维护祖制、忠君直谏这种事情是每一位自诩为忠臣、自认为道德武器在手的文官乐意而为的。尽管万历曾"一怒而斥谏官十一人，朝士莫不骇叹"，但前仆后继的批评者依然络绎不绝。

后来，万历只得找出各种千奇百怪的借口来搪塞，甚至企图将祖制中明确规定不并封的长子与其他两个儿子一起封王。当然，他的这种做法所激起的，只会是大臣们激烈的批评或委婉的讽劝。到最后，万历终于明白，尽管贵为天子，他却不能随心所欲地立一个接班人。他不得不接受祖制的安排，立长子朱常洛为太子。这就是后来的明光宗，即崇祯的父亲。

在废长立幼失去可能性后，万历只得封朱常洵为福王。似乎是为了给朱常洵不能接自己的班做个补偿，万历在朱常洵大婚时，花费银子多达 30 万两；给朱常洵在其封地洛阳所修的王府，花费银子 28 万两，相当于祖制所规定的十倍。按祖制，成年后的亲王郡王，必须离开京城，到自己的封地上去，这叫作"就藩"。但万历置祖制于不顾，长期把朱常洵留在京城，以至于大臣们对此提出的批评奏章多达上百道。万历的回应是留中不发——你看不惯，尽管打报告，我只管置若罔闻。直到朱常洵将近 29 岁，万历才恋恋不舍地把他送出京城。

对朱常洵就藩，万历又给予了慷慨无比的赏赐。他下令赐给朱常洵上等良田四万顷。这种完全不依章法的做派，不仅管事的大臣们据理力争，就连朱常洵也觉得父皇的赏赐实在有冒天下之大不韪的危险——当然，更大的原因是他怕接受这笔巨赏而成为众矢之的，不得不主动上奏请辞。万历只得把四万顷改为两万顷——这仍然是一个大得惊人的数字，由于河南的良田不够，不得不从邻近的山东和湖广划拨。

尽管如此，朱常洵仍嫌不足，而万历也还在担心宝贝儿子受穷。于是，当朱常洵向万历请求把没收的前首辅张居正的家产给自己时，万历答应了；当朱常洵向万历请求把江都到太平沿江的杂税和四川的盐税、茶税给自己时，万历也答应了；当朱常洵向万历请求每年给他 1300 引的淮盐，由他在洛阳设店销售时，万历还是答应了——前两者使得国有资产直接变为福王私产，而后者的影响更恶劣：以往，洛阳一带食用的盐都是河东盐，自从福王获得淮盐销售权后，河东盐一律不准上市。这样一来，河东盐销量萎缩，而从河东盐中抽取的边饷也随之锐减。也就是说，为了儿子生意兴隆，万历不惜让驻守边关的军人连军饷也拿不到。

当万历在做一个最优秀最仁慈的父亲时，他对他们老朱家的江山的伤害却深及骨髓。后世论者以为明朝之亡实亡于万历，可谓一语中的。

到了崇祯时代，论辈分，福王朱常洵乃是今上的叔叔，"地近属尊，朝廷尊礼之"。按朱元璋的设计，所有的亲王郡王，均"分封而不锡土，列爵而不临民，食禄而不治事"。这样，这位没当成皇帝的亲王在他的封地洛阳，除了享受荣华富贵外，委实没有其他事情可做。《明史》的记载是："常洵日闭阁饮醇酒，所好惟妇女倡乐。"

崇祯年间（1628—1644），河南是"三农"问题的重灾区，在旱、蝗两灾相继，人民相食，进而揭竿起义的窘境下，福王的王宫却比京师的大内还要富有。福王的奢侈引发了诸多不满，一支被派往前线与农民军作战的官军中就有人发牢骚说，"福王府里金钱百万，却让我们饿着肚皮去送死"。当时，南京兵部尚书吕维祺省亲居于洛阳，他听到军队的这些不满声音后，大为恐惧，跑到王宫里讲给福王听，希望引起福王的重视。福王却"不为意"，继续过他花天酒地的幸福生活。也许，在朱常洵看来，如果不尽情挥霍父皇赏赐给自己的钱财，就不能补偿没当成皇帝的遗憾。

崇祯十四年（1641）春天，李自成围攻洛阳，总兵王绍禹率军守城，这时的福王开始害怕了，他拿出千金募死士出城偷袭农民军并取得一场小胜。但小胜于事无补，何况守城军队早已怀有二心。当王绍禹的军队与农民军一方在城上一方在城下大声交谈说笑时，王绍禹的同事王胤昌跑去干涉，被军士们抓了起来。王绍禹亲自去解救，军士们不但不听指挥，反而杀死守城士兵，与农民军里应外合，拿下了城池高大、易守难攻的洛阳。

城破时，朱常洵缒城而下，藏匿于城外的迎恩寺。第二天，为农民军所获。与朱常洵一同被抓的，还有曾告诫过他的吕维祺。吕维祺再次劝说朱常洵，"名节很重要，千万不要受辱"。意思是要朱常洵自杀以全名节，但朱常洵既没有自杀的机会，更没有自杀的勇气。

比猪还胖的朱常洵大概不会想到他的结局如此悲惨：李自成下令将其杀死，把他的肉和鹿肉掺杂在一起作为下酒菜，称之为福禄宴。消息传到京师，崇祯震怒无比。总兵王绍禹被认定应该对这起事件负责，他本人被凌迟处死，家属充军。

像朱常洵一样缒城逃出的，还有他的儿子朱由崧。这又是一个胖子。他继朱常洵受封为福王，后来在甲申之变后被拥立为帝，是为弘光。像他那贪酒贪色的父亲一样，朱由崧每天的功课也是观杂剧，饮火酒，奸幼女。因为过于肥胖，几乎每天都有一两名幼女惨死在他的龙床上。他虽然没有像他的父亲那样被人吃掉，却也没能逃脱被俘处死的末路。

这个故事说明：

第一，长得胖不是你的错，但当天下人都饿得皮包骨头时，你还胖得像一头大白猪，那就不仅是错，而且错到了足以被当成美味的地步。

第二，最应该知道这个故事的首推富二代。

除夕夜
的两声
叹息

考察中国历史，有一个令人深思的现象，那就是原本立国于北方的王朝，一旦遭到毁灭性打击，往往都会采取退往南方再图中兴的策略——比如西晋为汉赵所灭后，司马睿逃往建康，以偏安的方式再续大统一百余年；再比如北宋为金所灭后，赵构逃往临安，也以偏安的方式再续大统一百余年。

甲申之变，明北部落入清军之手，坐镇南京的衮衮诸公都相信，由于南京原本就有一整套留守的政府班底，在南京延续大明国祚的把握要远远胜过仓皇南逃的司马睿和赵构。但叫人意外的是，与东晋和南宋相比，南明存续的时间短得可怜。

其实，从甲申年除夕夜的两声叹息中，我们就能判断得出，南明的短命，乃是历史的必然。

这年除夕夜，史可法远在扬州督师。他独自批阅公文到夜半，肚子饿了，同时也想起是除夕，便向厨子要酒喝。厨子为难地说："肉食都按您的吩咐分给将士们了，没有什么下酒菜，只有一些盐豉。"史可法便就着盐豉喝闷酒，他的酒量本来很好，一个人能喝几斗，但自从到了军中，就戒了酒。当天晚上，他一连喝了十多杯，想起国家破碎至斯，不由泫然涕下。泣罢，酒力上涌，靠在小几上睡着了。天明，将士们按惯例聚集在辕门外，等待史可法召见开例会，但往常早就洞开的辕门居然还关着。知府任民育说："相公像这样多睡一会儿，实在不容易。"于是令打更的人依旧打四更鼓，并令左右不要惊醒了史可法。一会儿，史可法醒了，听见鼓声，大为生气。左右向史可法转达了任民育的意思，史可法才息了怒。

同样是这个除夕，距离扬州几百里外的南京兴宁宫，则是另一番景象。当天晚上，弘光兴致勃勃地亲自动手张灯结彩，太监韩赞周劝他："天下大事正处于棘手之中，这种琐屑小事，何劳陛下亲自动手？"弘光漫不经心地说："天下大事有老马在主持，我何必忧虑呢？"

老马者谁？就是著名的奸臣马士英。

到了深夜，弘光忽然闷闷不乐，还是这个韩赞周，关心地问："陛下刚搬进新宫，应该高兴才对，如此郁闷，难道是思念皇考吗？"

弘光听了，一言不发。过了老半天，才徐徐回了一句："梨园殊少佳者。"

——你以为我是在思念故去的父亲吗？你以为我是在为江山社稷担忧吗？才不是呢，我是为戏班子里没有特别出色的女戏子发愁。

弘光和韩赞周这番对答，令人绝倒。至此，我们也就明白，拥有包括富庶的江南在内的大半个中国，以及人数上占优势的军队的弘光政权，为什么灭亡得如此迅雷不及掩耳。

另外一个关于弘光的记载则说，这个色眯眯的大胖子对女色有着异于常人的酷爱，不知是谁告诉他虾蟆可以壮阳，于是他兴师动众，到处捕捉虾蟆制作房中药，民间为此给他取了个"虾蟆天子"的绰号。

他最信任的首辅马士英玩弄权术之余，业余生活的一大爱好是斗蟋蟀，故民间取名"蟋蟀相公"。以"蟋蟀相公"对"虾蟆天子"，倒是十分工稳。

至于将兵在外的史可法，他的人品自然几乎没有问题。只是，在马士英等人的排挤下，他能够施展的空间实在小得可怜。史称，史可法每次写好奏章，总要念给身边的工作人员听，他"循环讽诵，声泪俱下"，乃至于"闻者无不感泣"。——但即便再悲愤一百倍的奏章，一旦奏闻给弘光这个沉溺温柔富贵之乡的偏安之君，仍然石沉大海。

弘光的新宫落成之际，他令大学士王铎——王铎乃明代最优秀的大书法家之一，然其人品可鄙——书写了一副对联，对联系弘光亲拟：万事不如杯在手，一年几见月当头。

在晚明诸多粉墨登场的人物中，弘光是一个十分奇怪的角色。公正地说，他有时候的政治见解并不见得就很糟糕，比如他也知道不能由马士英当权，最好把他撤职。然则奇怪的是，只要马士英固执己见，弘光就不再坚持，最后统统由马士英说了算。

如果把这说成马士英窃弄国柄，显得有些勉强——毕竟，在明朝那种君主集权的专制体制下，即使权倾朝野的马士英，从本质上讲，也无法凌驾于弘光之上擅作威福。那就只有一种可能，即弘光对政治极度不感兴趣，明知道马士英在乱来，但由于自己不感兴趣，也就由着他；只要自己还能当皇帝，还能享受花团锦簇的幸福生活就万事大吉。

法王路易十五有一句名言：在我死后，哪管洪水滔天。那些高居于社会金字塔塔尖的末代君王虽然也判断得出他们赖以生存的社会基座越来越不稳定，但仍然一厢情愿地相信，即使大地要陆沉，王朝要覆亡，那也将是在他们纵情享乐过完快乐的一生之后。

事态的发展，并不总是以这些末代君王的意愿为转移。扬州既破，清军突破长江进逼南京已是铁定事实。这时，弘光开始后悔——不是后悔一年来沉溺酒色，不问政事，以至把小朝廷弄到了不可收拾的末路，而是后悔当初不该听任马士英把自己推到皇帝宝座上。按他的想法，做一个藩王，同样可以肆意享受荣华富贵，而皇帝却要面对大兵压境的窘境。

一个经受不起任何打击的政府，它的决策者们的最大爱好就是不愿意相信有任何打击的存在。四月二十七日，龙潭驿探马向马士英告急，说清军已编木为筏，正在渡江。紧接着又报，清军只打了一炮，京口的城墙就倒塌了四垛。末了，杨文骢派人报：江中有几只竹筏，怀疑是清军，因而架炮城下，发了三炮，已将敌军的竹筏打得粉碎。——马士英于是将前两个报告军情紧急的驿使痛打一顿，对报喜的杨文骢的使者则加以重赏。

掩耳盗铃，或是报喜不报忧，都只能加快弘光小朝廷的灭亡。五月初一，有人在南京长安门的门柱上写了几句讥讽时局的打油诗，对岌岌可危的小朝廷作了高度概括："福人沉醉未醒，全凭马上胡诌。幕府凯歌已休，犹听阮中曲变。"——弘光幽居深宫，只顾饮火酒，玩幼女，政事交凭马士英处置，前线军队一触即溃，阮大铖只干两件事，一是打击当年与他过不去的东林党人，二是精心创作并导演戏剧。

五月十日，南京城大风大雨，中午过后，阖城居民都能清晰地听到清军的火炮声。这天，弘光下了两道圣旨，其一，紧闭南京各城门，缙绅家眷一律不得出城；其二，召集了一支梨园子弟进宫演戏。演戏时，弘光兴致勃勃地和太监韩赞周、屈尚志等人不分君臣地杂坐一团，一边看戏一边喝酒。这场堂会一直持续到晚上二更时分，所有人都有几分醉意时才结束。接下来，弘光带上他的母亲和最宠爱的一个妃子，以及几十名宫廷人员，骑上马从通济门出城而去。至于文武百官，没有一个人知道他们的陛下在这个初夏的深夜已经弃他们而去。最可怜的是那些几乎没有任何社会经验的宫女，这些除了美丽性感就一无所有的年轻女子，当弘光一行扬长而去后，她们三五成群地逃出宫门，一旦有大胆的男子把她们拉走，对她们来说，反倒是幸事。

十多天后，弘光又一次回到了曾有过糜烂生活的南京。只不过，这一次，他不再是偏安小王国的最高领袖，而是任人处置的俘虏。他被安置在一乘没有布幔的小轿中抬进城，沿途百姓要么指着他破口大骂，要么捡起瓦砾向他投掷。羞愧的弘光只得用衣服包住头，再以一把油扇掩面。是年九月，弘光被押往京师，次年被清政府处死。鲁王监国时，追谥弘光为赧帝。赧者，按《古代汉语词典》的解释，乃是"因羞愧而脸红"。不过，如此江山如此下场，弘光仅仅脸红一番，恐怕难以解脱干系。

这个故事说明：

第一，就像狗和热狗一样，君王的叹息和臣子的叹息乍听上去似乎差不多，但究其实质，完全不是一回事。

第二，腐烂的王朝犹如急性腹泻，结束得越快越好。

一个被
血统杀死
的人

　　这是三百多年前的一个老人，头发花白，身材修长，脸上全是被江湖的风吹出的细密如阡陌的皱纹。他饱读诗书，温文尔雅，即便是面对那些大字不识的愚笨村民，依然笑容有加，彬彬有礼。一生中，大多时候，他的工作都是教书。尽管已经七十多岁了，但为了生计，他仍旧不辞辛劳地做私塾先生。他膝下有一大堆儿孙，儿孙们和他一样，面目安详，心地沉静。唯一的特别之处，就是老人给他的儿孙们都严格地按字辈取了一些生僻的名字。

　　这个老人既教别人的孩子，也教自家的孙辈，家有草堂数间，薄地几亩，闲暇时候，他会背着双手在田野上散步，顺口吟一些浅白的描绘乡村风景的诗句。那些牵着牛、挑着粪的村民见了他，都会停下手里的活计，亲切地和他打招呼，而他，一律文绉绉地拱手行礼，和村民们谈谈天气和桑麻的收成。总之，如你所知，这简直就是世外桃源。

可是，忽然有一天，一群如狼似虎的公人来了。公人们大呼小叫，手里挥舞着枷锁和水火无情棍。老人被捕了。此后，因老人被捕而被捕的，还有他的儿孙辈——其中，包括一个还在吃奶的婴儿。震惊的村民们睁大了眼睛，他们实在想不通这个善良的老人怎么会成为朝廷钦犯。

然而，天底下的事情并不是普通老百姓都能弄明白的。当他们一头雾水时，他们只能看见那些公人手中的武器在阳光下折射出夺目的寒光。他们只得胆怯地往柴门后隐去。大路上，传来老人一家的惨叫和哭泣。

不久，这个已经76岁高龄的老人被审判他的官员认定，"虽无谋反之事，未尝无谋反之心"，欲将他处以凌迟的极刑——这种俗称"千刀万剐"的酷刑，按法律，常用于处分那些十恶不赦的罪大恶极者。至于老人的满堂儿孙，包括那个吃奶的婴儿，都统统判处死刑，立即执行。这个可怜的婴儿，他来到世间只学会了两件事：哭泣和吃奶。可现在，他和他的爷爷一样，都被紫禁城里的皇帝认定是大逆不道的谋反者。对谋反者，当然要斩草除根。

消息传来，村民一片哗然。那个和善的、眼睛有点近视的老爷子，怎么看，他也不会是一个谋反者啊。可是，他必须去死，因为他的血管里流淌的是前朝的血液——这个老人，就是明朝末帝崇祯的儿子朱慈焕。

崇祯在紫禁城自杀的那个夜晚，其时，他有两个女儿和三个儿子。他首先挥剑砍杀两个女儿——小女儿当场死亡，大女儿本能地伸手去挡，被砍断了手臂。崇祯看着血泊中的女儿，再也下不了手，大女儿遂捡得一条性命。后来在金庸的武侠小说里，她成了一个武功盖世的独臂老尼，扬州小流氓韦小宝对她的美女弟子垂涎三尺。之后，崇祯令人把三个儿子送出宫门，让他们自行逃命。皇太子后来辗转来到南京，可偏安南方的弘光怕他威胁自己的帝位，坚决不承认他就是皇太子。等到弘光小朝廷土崩瓦解，皇太子和他的伯父弘光一起做了清军的俘虏，被清廷处死于京师。皇三子不知下落，民间先后有许多次反清起义，都宣称他们的首领就是走失于江湖的神秘的朱三太子。皇五子，也就是朱慈焕，他的运气比两个哥哥好一些。他在逃难的路上被一个姓毛的明军将领带到河南，在乡下结庐而居，过着清贫的生活。后来，由于清军追查甚紧，毛将军害怕了，一个人连夜逃走，13岁的朱慈焕只好独自踽踽而行。这一次，他认识了一个姓王的前明给事中，王给事中得悉他的身份后，把他收养在家，并让朱慈焕改姓王。王给事中去世后，朱慈焕出家为僧。大约是身上的那种无法伪装的贵族气，一个姓张的前明官员对小和尚朱慈焕大有好感，不仅助他还了俗，还把女儿许配给他。这样，他后来又改姓张。

这个身负国恨家仇的王子，大概被血雨腥风的往事吓坏了，当然也可能是明白光复江山不过是痴人说梦，他完全不准备像那个叫哈姆雷特的王子一样去复仇、复国。他只想在新朝做一个顺民，用勤劳、恭谨和善良，在新朝的天底下隐姓埋名地度过一生。只要新朝的太阳在照耀别人的时候，顺便也照一下他就万事大吉了。就像北岛的诗说的那样，"在没有英雄的年代里，我只想做一个人"。

于是，透过三个多世纪的历史雾霭，我们看到的这个叫朱慈焕的天潢贵胄，自从他逃出铁桶般的京城后，他就成了一个普通至极的旧时代的读书人。他娶妻生子，传道授业，待人接物，无不小心谨慎，生怕一不小心就被人告发。他明白，他那无法改变的血统是一剂无解的毒药，一旦毒发，唯有死路一条。

明清时期中国人的平均寿命不过 40 岁，大难不死的朱慈焕竟然活到了七十多。这位在孝顺的儿孙们的簇拥下颐养天年的乡间读书人，随着年事渐高，他完全有理由相信：老子总算成功地度过了坎坷的一生。因此，晚年时分，当他就着几颗炒黄豆喝一壶老黄酒时，微醺之际，很可能，他曾含糊而又自豪地向家人和亲朋好友说起过自己的身世：从前啦，我们家在京师……

可能就是这些酒后的闲言碎语，成了这个看上去相当美满的家庭一下子被彻底摧毁的潘多拉之盒：由于某个知情人的告发，朝廷抓捕了朱慈焕。当时，朱慈焕正在山东的一个退休官员家里当私塾先生。当地方官员以谋反罪审判朱慈焕时，朱慈焕可怜巴巴地分辩说，当今政府对我家有三大恩典，我如何会谋反呢？所谓三大恩典，朱慈焕解释说，其一，诛灭流贼，为我家报仇；其二，保全明朝宗室，不加杀害；其三，当今圣上亲自为我家祖宗扫墓。接着，朱慈焕再次辩解，我即便要造反，也应该在三藩作乱的时候动手，我现在已经 76 岁了，血气衰，须发白，怎么还可能造反呢？再说，要造反必然会囤积粮草，招募兵丁，我几时做过这些事情？然而，朱慈焕的辩解毫无用处。他不明白的是，所谓谋反不过是个借口，他的血统注定了他必须死。只有和前朝血统有关系的人都被一一搞定后，紫禁城里的辫子皇帝才睡得了安稳觉。

负责审理此事的地方官感到兹事体大，就把情况呈报京师。其时，皇帝乃是后来被吹捧为大帝和圣君的康熙。这位大帝和圣君同意了地方官员们所认定的"朱某虽无谋反之事，未尝无谋反之心"的几近莫须有的构陷。只不过，康熙为了显示自己的仁慈和宽厚，批示将凌迟改为斩首。至于朱慈焕的满堂儿孙，他们也得为自己的血统负责，因为这血统乃是一种不能被宽宥的原罪。

这个故事说明：

第一，在古代中国，血统是个神奇的魔法师，它既能让一个白痴坐上龙椅，也能让一个顺民沦为叛逆。

第二，电视剧里那些爱民如子的辫子皇帝，全是编剧和导演的集体意淫。

工资太少，
我不得不贪污
受贿

　　平民皇帝朱元璋是个固执得只顾抬头看天、绝不低头辨路的理想主义者。他预设的最美好的社会就是皇帝勤政如劳模，官员廉洁似圣女。这样，老百姓就能安分守己，天下自然就太平了，社会自然就和谐了。为此，朱元璋一方面以身作则，一辈子勤于政事，治理那个庞大的帝国，像个身心俱疲却又乐此不倦的老农夫在自家的菜园子里忙碌。另一方面，他还怕自己率先垂范的榜样作用不被他的儿孙们充分领悟，于是不厌其烦地写下了原本属于家训性质，事实上却是明朝基本法的《皇明祖训》。

　　在做一个勤政的皇帝方面，朱元璋简直无懈可击。据统计，洪武十七年（1384）九月十四日至二十一日的 8 天时间里，朱元璋除了每天三次上朝外，其余时间还批示了各个部门送到宫内的奏章1160件。这些来自各部门、各地区的奏章，有的专讲一件事，有的则一件奏章讲几件事。综合起来，一共讲了3291件事，这些事情，都得由朱元璋圣裁。

至于要求官员廉洁，朱元璋更是一点也不含糊。

首先，他制定的官员工资极为微薄。各级官员的工资分为米、银、钞三部分，一律折成银子的话，正九品文官的年薪只有30两；正五品文官的年薪也只有50两。即便是堪称朝廷大佬的正一品文官的年薪也不过区区230两。就正五品文官的薪水而言，一年50两，一个月只有4两多，以明朝中后期的购买能力，这些正五品文官的月收入只够在中等城市办一桌中下等的酒席——大概也就相当于今天几百块钱的样子。

显然，如果仅依靠这么一丁点死工资，如果不是家境特别富有，或者特别能过苦日子，几乎没有官员活得下去。

为了防止工资微薄的官员们贪污受贿，朱元璋的配套设施是令人震怖的廉政风暴：凡是贪污受贿超过60两银子的官员，先行砍头，再剥皮实草。为了方便剥皮，每个府县州卫衙门附近，必修一座土地庙作为剥皮场所，人称皮场庙。这些因贪污受贿被处死的家伙，他们的人皮被完整地、艺术地剥下来，里面塞入稻草，做成人的模样，放在继任者办公室的椅子背后。

——朱元璋的居心不言而喻，前车之鉴近在咫尺，就是再贪欲攻心的官员，只要扭头看一眼自己的前任，那伸出去接银子的手恐怕也还要颤抖着缩回来。

孔夫子曾经说过，三年无改于父道，可谓孝矣。在标榜以孝治天下的明代，对祖辈，尤其是对开创基业的太祖皇帝的最大孝道，自然就是不得改变他老人家立下的规矩。然而，真要按照朱元璋的要求，首先，他的继任者们就会失去做皇帝的乐趣：他们压根儿不愿像朱元璋那样，做一个以治理国家为乐事的工作狂。他们的乐事在酒色二字上。其次，既然皇帝也没法遵守朱元璋定下的游戏规则，那么皇帝也就没有能力或者说没有精力去要求官员们还要像朱元璋设计的那样清廉，或者用朱元璋时代那样严酷的法律去惩处贪污受贿的官员。

于是乎，在朱元璋去世后的两百多年间，尽管没有任何一任皇帝或哪个大臣敢于公开修正朱元璋定下的规矩，但都心照不宣地将这规矩视为一纸空文，只有在攻击对手时才把它放在嘴边或写进奏章。

明朝皇帝的工作态度，从朱元璋的勤政到天启的完全不理朝政，一直呈一种落差惊人的下滑态势。而官员的收入，从名义上看，直到明朝灭亡，仍然偏低。虽然与朱元璋时代干巴巴的死工资相比，后来还增加了一部分朝廷认可的半灰色收入，如柴薪银和常例，但两者加在一起，要让官员们过上哪怕中等人家的日子，也还有些捉襟见肘。

这样，就像在朱元璋勤政的教诲下，他的儿孙们却可能几十年不上朝不接见大臣不理国事一样，在朱元璋清廉的要求和剥皮实草的恐吓之下，大明的官员们在拿了看上去很少的工资和半灰色收入后，他们最大的收入其实几乎都来自贪污或者受贿。

先从京官说起。京官不直接与老百姓打交道，他们好像缺少亲自搜刮民脂民膏的机会。但是，因为是京官，因为围绕在皇帝身边，也就有着上达天听的话语权。路子宽，话语权大，地方官能不巴结他们吗？这样我们就能够理解，为什么一个二品的封疆大吏，却可能向一个六品的给事中（明朝六部均有给事中）行贿。韩一良曾经义愤填膺地向崇祯报告说，州县的官员进京，京城的御史和给事中们号称"开市"，看作一个捞钱的好机会。他本人两个月以来拒收的赠金就有五百两。

州县官员的工资本来就低，既要让自己和寄生其上的师爷、管家之类的人都活得人五人六，还要向京官们行贿——韩一良的统计是，这些官员进一次京，要花费三四千两银子。这些钱天上不落，地上不生，从哪里来？那就只有一个办法：贪污。贪污的办法也很多，比如多征赋税，比如克扣粮饷。州县官员本来就要和大量钱财打交道，他们有的是这样的机会。至于多征和克扣是否会引起民变兵变，当整个统治集团，从皇帝到州县官员都只顾眼前的享乐和太平时，是从来不会有人去认真思考明天的出路在哪里的。

当然，在官员几乎普遍贪污受贿的情况下，也有一两个罕见的异类，其中最著名的就是海瑞。但在这个举国皆疯的国度里，清醒的人反而被嘲笑，遭排挤。海瑞尽管两袖清风，却一辈子郁郁不得志，被认为是一个不合时宜的古怪官员。不仅他自己活得不如意，连他的家人也跟着倒霉。当这位明朝著名的穷官在母亲生日只能为她"市肉二斤"时，他的上司竟然把这当成笑话到处去传播。海瑞去世后，人们发现这位二品大员用的是葛布帐子和破木箱，"有寒士所不堪者"。他留下的遗产甚至不足以为他举办一场稍微像样的丧事。海瑞这种毕生清廉自持的官员，仕途空间却如此狭窄，身后下场却如此悲惨，这简直就是给他的同事和后来者一记当头棒喝：你如果不贪污不受贿，海瑞的今天就是你的明天。

朱元璋之后的历代明朝皇帝中，和他最为相像的当数末代皇帝崇祯。和老祖宗朱元璋一样，崇祯也是一个固执的理想主义者，这两个理想主义者站在大明这条河流的上下游首尾呼应。当崇祯发现他的国家已经四面楚歌，几成不可救药之势时，他除了自己像朱元璋那样宵衣旰食地勤政外，也希望他的官员们像朱元璋要求的那样廉洁奉公。

为此，他甚至想采纳韩一良的建议，重新祭起对贪污受贿官员剥皮实草的恐怖大棒。然而，此一时也彼一时也，崇祯不具备朱元璋的治事能力与政治手腕，更何况末世的晚明也不复大明初创时的锐气和强盛。因此，崇祯的这些举措，不仅使他与整个烂掉了的官僚集团关系极为紧张，也使他本人励精图治却完全于事无补。他的所作所为，就像一条气急败坏的疯狗，在阳光下努力追赶自己的影子。影子没追上，疯狗却累瘫了。

这个故事说明：

第一，君主专制政体下，帝王不切实际的理想往往就是民众灾难的滥觞。

第二，高薪未必能养廉，但低到糊口也困难的薪水，却一定会导致官员穷生奸计，集体堕落成贪官。

那些
诏狱里的
冤魂

　　记得中学时学过一篇古文，那是清朝桐城派领袖方苞老师的《狱中杂记》。记忆如此犹新，倒不是当年读书有多么认真，而是方老师的文章给我们描绘了如同地狱般的监狱生活。

　　方老师关在刑部监狱里，每天都见到三四具尸体从门洞里拖出去。大约是见方老师有些害怕，一个老犯人安慰他说，这还算天时顺正，死者尚稀，往年每天要死十多个呢。方老师说，这些犯人"贫者席地而卧"，薄暮时锁上大门，犯人屎尿均在一间关满人的小屋子里。半夜有人死了，"生人与死者并踵顶而卧，无可旋避"。比恶劣的生活条件更恐怖的是如狼似虎的监狱管理人员，为了从这些可怜的犯人

——用今天的话来说，应该是犯罪嫌疑人——身上捞到油水，一旦进了监狱，不问罪之有无，一定得先戴上整套刑具，为的是让犯人求生不得，求死不能，最终只能出钱打通关节，以便取保候审。而所得之钱，"官与吏剖分焉"。

清承明制，且方苞时代去晚明不过数十年，由方苞的描述，大抵可以想象晚明监狱的黑暗。更何况，方苞生活于所谓康乾盛世，盛世已如此，何况乱世如晚明？刑部监狱的非人道固然令人望而生畏，但倘若说居然还有人把它看作是天堂和出路，那按照两害相权取其轻的原则，只可能是他遭遇了比刑部监狱更可怕更暗无天日的东西。

这个比刑部监狱更可怕更暗无天日的东西，就是明代臣民谈虎色变的诏狱。

所谓诏狱，也就是按照皇帝旨意而兴的大狱。狱中所系之人，不一定违反了国家法律，而是被皇上钦定有罪。自秦汉到宋明，虽然中国的帝王们从来都摆出一副要用严密的法律来约束臣民的样子，但绝大多数时候，这些帝王总有凌驾于法律之上，按照自己的意愿而不是法律的规范兴起大狱的特权。不过，明代以前，虽然诏狱历代皆有，但成为一种常设甚至不成文制度的，却只有明朝。具体执行诏狱事务的，就是臭名昭著的锦衣卫北镇抚司。

在世风日下，文人几乎集体坠落的晚明，左光斗是一个罕见的例外。这位敢于直言的监察官员，由于惹恼了大权在握的魏忠贤而与杨涟、魏大中、顾大章等人一同被逮下诏狱。诏狱中，深谙潜规则的左光斗对众人说："他们杀死我们有两种方法，一是利用我等不服其罪，在审讯中拷打致死；一是暗中把我们害死在诏狱，对外宣称我们是暴病身亡。如果他们一加拷问，我们就认罪，那么按照惯例，就应当把我们送到刑部处理。这样，我们或许还能活着出去吧？"

于是乎，当锦衣卫拷问莫须有的受贿案时，刚烈的左光斗等人只能忍气吞声，自证其罪。但令他们万万没想到的是，在他们自证其罪后，并没有如愿以偿送到刑部，而是继续在诏狱里遭受五日一拷打的酷刑，"比时累累跪阶前，裸体辱之"，"创痛未平，不再宿复加拷掠"。不久，左光斗等五人就惨死狱中，唯一的幸存者顾大章也于狱中自缢。

无疑，左光斗等人不可能理解的是，司法黑暗乃政治黑暗的表征之一，就好比咳嗽打喷嚏往往是感冒的表征一样。在政治黑暗的前提下吁求司法公正，就仿佛缘木求鱼，注定只是善良人们的一厢情愿。

作为一种法外之刑，诏狱的存在乃是帝国最高长官即皇上的严重违背司法程序的表现，因此虽然历代都有诏狱，但像明朝那样作为一种常例而存在——同属诏狱范畴的，锦衣卫之外，还包括存续时间长短不一的东厂、西厂、内行厂，它们被合称为厂卫——的确再无二例。

其原因在于,从朱元璋开始,大明帝国就在努力建成一种极度中央集权——说穿了其实就是皇帝集权——的独裁体制。无论形式上多么强有力的内阁,无论道义上多么敢于揭龙鳞的直臣,一旦皇帝动怒,一切制约统统化为乌有。这就好比一家私营企业,拥有最终拍板权力的只能是老板。除了他,其余人不论看大门扫厕所也好,总经理 CEO 也罢,统统都是一样的打工仔。

正因为是独立于国家司法系统之外的另一种存在,诏狱一方面充当皇帝剪除看不顺眼的臣民的暴力机器;另一方面,像刘瑾和魏忠贤这样的大宦官当道时,又充当了他们消灭政敌的最佳工具。

如前所述,一桩明显的冤案,如果送到刑部、都察院和大理寺这所谓的三法司,按照司法程序审讯,不但不能按照掌控诏狱者的意愿进行暗箱操作,而且极有可能真相大白于天下,引得人神共愤。而一旦送到有圣意作坚强后盾的诏狱,则生杀予夺,皆由己出。明初大才子解缙因得罪明成祖下诏狱,关押数年后,明成祖似乎已忘记了此人的存在。有一天,锦衣卫首领纪纲把诏狱里的囚犯花名册供呈御览,明成祖见到解缙的名字,轻轻地说了一句:"噫,解缙还活着?"深明圣上意图的纪纲心领神会,回去后便把解缙灌醉埋在狱外积雪中，"立死"。

明朝时期，刑讯逼供乃合法之举。诏狱的实施者们都是一些有"创新"精神的"精英"，他们先后发明了十八种审讯逼供方法。诏狱关于审讯的说法有几种，轻者叫作"打着问"，重者叫作"着实打着问"，最重者叫作"好生着实打着问"。户部司务何以尚为了救海瑞而被廷杖后下诏狱，锦衣卫对其"昼夜用刑"，其刑具为一只小木笼，木笼内四面攒有铁钉，何以尚被投入笼中，身体微动，铁钉就刺入肌肤，不得不"危坐如偶人"。用此刑，不出两天，必死无疑。至于羁押犯人的牢房，"其室卑入地，其墙厚数仞，即隔壁嗥呼，悄不闻声"。

出于怕诏狱的黑暗为外界所知的顾虑，诏狱的管理十分严密。凡是泄漏狱中情况者处斩；擅自进入狱中者，刖其双脚；片纸只字也不能带进或带出。即便是犯人家属，也不得探视。只有在拷问之时，允许家属在一丈之外的地方旁观。如果说话，必须高声，而且不能用方言——深文周纳的锦衣卫当然不是为了推广官话，而是怕犯人和家属用方言交换消息。

耿如杞任兵备副使时，因不肯对魏忠贤的喜容下跪而被逮下诏狱。其间，他的家人花了6300两银子为他打点，但仍然被问成大辟之罪，关在死牢等死。后来，因天启暴死、崇祯上台而幸免。他在给崇祯的奏章中，无限凄楚地回顾其诏狱噩梦："臣自入镇抚司，五毒并施，缚赴市曹者，日有闻矣。"被诏狱弄得伤透了心的耿如杞向崇祯要求辞官还家养疾，崇祯不许，任命其为山西巡抚。不承想，没死在诏狱的耿如杞几年后却因缺饷士兵哗变而被崇祯斩首西市。

自秦至明一千多年间，相权的发展呈抛物线状，抛物线的顶点在唐代，而明代，则为最低点——有明一代，除了洪武初年外，其余两百多年间，作为皇帝的副贰和助手，丞相已经有实无名。相权的弱化表明了在这个老大帝国里，皇帝的威权至高无上，古时那种皇帝与以丞相为领班的众臣之间的坐而论道已经不复存在。皇帝是这家叫作大明的无限公司的唯一老板，其他人都是打工仔。虽然打工仔也有级别之分，但无论如何，他们与老板之间都存在着永远无法逾越的鸿沟。

与相权缩水互为呼应的，是明代越唐宋而登峰造极的另外两种恶劣制度，那就是廷杖和诏狱。廷杖使得大臣斯文扫地，肉体和精神都备受凌辱。很难想象，一个脱了裤子在同事面前被打得血肉横飞的官员，日后当朝廷危难时，他还会对这个冷酷的朝廷以命相许。制度性的诏狱则使全体臣民生活在特务统治的铁幕下，人人自危之余，不仅善类一空，而且终于使得朝无直言。后人曾沉痛地总结说，大明不亡于流寇而亡于厂卫，显然深明其理。我们今天谈论大明的灭亡，这个历史上最后一个汉族王朝的土崩瓦解，它既是亡国，也是亡天下、亡人心。

这个故事说明：

第一，在脱了裤子打屁股和送进诏狱受折磨的双重威胁下，虽然做官的风险成本剧增，但仍有多如过江之鲫的士子走上了这条世界上最窄的路——仕途。那是因为他们既不相信自己的运气会那么差，同时他们也坚信一点：做奴才总是安全的。

第二，历史并不总是向前走，有些时候也向后退。所以中国文人宁肯怀念虚无缥缈的三代，也不愿且不敢正视现实和未来。

基层的
溃烂

　　朱元璋出身社会最底层，是真正意义上的草根。草根帝王的最大优点或者说特点，就是他们对民间疾苦有着切肤之痛。加之朱元璋经历了元末大动乱，更是深知基层对帝国来说，如同大厦之根本。要是根本出了问题，帝国大厦无论看上去多么辉煌多么巍峨，最终也免不了轰然倒塌的败局。于是，朱元璋对基层的重视便超乎寻常。可以说，在他之前和之后，都没有任何一个皇帝像他那样，念念不忘基层，把抓基层当作了维持帝国稳定的第一要义。

　　今天我们所说的基层，一般指乡镇乃至社区和村组一级，但在朱元璋的明朝，却非如此——严格地讲，中国历史上除了当代以外的其他绝大多数时代，国家政权的控制力只能到达县一级，县以下的里甲的治理，乃是通过村民的自治和乡规民约以及家族势力影响来完成。也就是说，在明朝，最基层级别的官员就是县官和散州（级别等同于县）的州官了，他们直接与民众打交道，被称为牧民之官，或者说父母官。在中国，一直有所谓"灭门的县令""破家的知县"之类的说法，这些说法在一定程度上反映了一个客观现实：作为朝廷命官的最基础级别，知县不仅是一县的行政长官，同时也是司法长官、财政长官和教化长官，朝廷的吏户礼兵刑工在省和府都有相对应的机构，但到了县一级，却将六部职能集于一身。一县百姓的身家性命，都掌握在这个常常被人讥为七品芝麻官的知县手里，他们对治下的普通民众，有着令人恐惧的伤害能力，生杀予夺，就在一念之间。

在充分认识到基层官员巨大的影响力的前提下，朱元璋在位时，奉行的干部考核办法之一就是特别注重州县级地方官员的品行。他在和朝廷政府高级官员谈话时，曾多次告诫他们要注意基层。比如洪武二十年（1387），就曾两次谈及此事。一次是郊祀礼成时对内侍说："国家命人任守令之事，若不能福民，则是弃君之命。"一次是青州遭遇蝗灾，地方官对上瞒报，朱元璋很生气，告诫户部官员说："代天理民者君也，代君养民者守令也，今使者言青州民饥，而守臣不以闻，是岂有爱民之心哉？"对这些失职的基层官员，朱元璋提出的处理意见是将其逮捕治罪。对那些犯过小错误，但任职期间能够较好地履行职责的知县，朱元璋在处分时往往网开一面，法外施恩。比如诸城知县陈允恭因犯错误流放云南，朱元璋偶然听说他"治县时能爱民"，故而认为他虽有过，但"可用也"，遂召复其官。

正是看到县官直接和老百姓打交道，县官的形象在老百姓心目中，几乎就等同于朝廷、等同于皇上，因而，朱元璋对县官的要求几乎到了苛刻的地步。比如他颁布的《大诰》中规定，老百姓可以就父母官是否"害民取财""有司不才""清廉直干""抚吾民有方"，直接联名向朝廷反映。如此看来，明朝时候，老百姓要上访，并不是一件困难的事。更有甚者，朱元璋还进一步规定，老百姓有权按照他在《大诰》中提出的标准对照基层官员，如果基层官员属于奸恶官吏，老百姓有权把他直接扭送到京城，这不但不是妨碍公务，以下犯上，反而是值得奖励的义举。

朱元璋的设计，虽然有矫枉过正之嫌，但在他统治期间，大明帝国处于上升态势却是不争的事实。然而，无论多么好的制度，一旦执行者阳奉阴违，那么制度就等同于一张废纸。到了明朝中晚期，当整个帝国腐败成风，政以贿成，基层的溃烂就成为必然。

按朱元璋制定的政策，明朝官员俸禄极低，清朝有所谓

"三年清知府，十万雪花银"的说法，但在朱元璋时代，这几乎是不可能或者说难度非常大的事情。朱元璋苛刻的制度和严密的纠察考核对地方官是一种强有力的约束。尽管随着明朝享国日久，尽管地方官的灰色收入早就成为充实宦囊的最大入项，但制度性的阳光收入仍然微乎其微。这样，作为直接与民众打交道，事务性工作繁多且极易出问题的县官，如果他们不挖空心思去捞取灰色收入的话，朝廷发给他们的工资，恐怕就真的只够买柴和水了。可一旦去捞取灰色收入，贤者自然不屑为之——比如海瑞当地方官时，就以耿直和清贫出名；而不肖者一门心思扑到捞好处上，与朱元璋所期望的"清廉直干""抚吾民有方"无疑便南辕北辙了。

除了收入微薄，常常不得不想办法贪墨外，县官的升迁与京官相比，也显得很缓慢。明朝中后期的惯例是，科举是官员的正途出身，而出任县官者，从进士到举人、监生、贡生都有。但是，县官的清贫和海量的事务性工作，以及整个官场对京官的重视和对地方官的轻看，都使进士们把外派出任县官视为畏途。沈德符就在他的《万历野获编》里讲，当时的读书人一旦中了进士，第一是希望入翰林当御史，第二是希望做给事中，第三是希望做御史，第四是希望当主事——这四个职位都是京官，不仅可以得享京城的繁华舒适，更重要的是，人在天子眼皮下，很容易就有升迁的机会。一且被任命为州官或县官，就会"魂耗魄丧，对妻子失色"，乃至向主管官员求情，希望能免去这一任命。

进士们不愿意当县官，甚至举人也把当县官视作鸡肋，除非是已经对中进士失去了信心，或者年岁已高，或者家境贫寒。否则，举人们宁愿再在寒窗下苦读几年以便中进士后有机会当京官，也不愿外放县官。因此，晚明时期，县官一般都是年迈学荒的举人或是更低一级的监生、贡生之流。

这样，朱元璋寄托了无限希望的基层，其主事者便出现了两种情况：

其一，少数由进士充任的县官，他们必然为没能留在京城入翰林当御史而深感烦忧，哪怕曾有报国之志，但眼看同年们由于分配在首脑机关而迅速升迁，自己却沉沦下僚，未免生出怨艾之心。在这种前提下，他们对待工作的态度是以不出事为上。不求有功，但求无过，拖上几年后通过关系升职或是调到京城。所以凡事都以拖延、掩饰、敷衍为要诀，保持表面上的稳定即可对上面交差，至于这种稳定之下是否潜流着极大的不稳定，这不在他们的考虑之中。

其二，多数由科场不得意的举人和监生、贡生充任的县官，他们自知在仕途上不可能再有多大进步，千里做官只为财，"于是受贿营私，不复以承流宣化为事，巧需酷算，一毛不遗。上司至则厚奉迎以宽指摘，饰玩好以市姑息"。这样的官员，不过是把做官当成了一门生意，与朱元璋的期望，相差不可以道里计了。

晚明时期，陕西和山西一带蝗旱频仍，饥民遍野，随后相继激化为民变。究其初始，如果这些地方的县官们能够真正像朱元璋要求的那样抚民有方，后来愈演愈烈、终至不可收拾的农民起义，完全可能被扼杀于萌芽之际。但是，当走投无路的饥民们与政府之间的关系已经变得越来越对立仇视时，守土有责的县官们不是去疏导和安抚，而是继续执行多年以来在他们看来是最有效的高压手段。陕西澄城事件就是其中最为显著的例子。

崇祯元年（1628），陕西大旱，大面积地区颗粒无收。如前所述，在朱元璋时代，青州因受蝗灾，知县没及时安抚民众，便被朱元璋流放云南。但两百多年过去了，这个王朝已经从当年的大治走向了末日临头的大乱。陕西澄城是全陕受灾最严重的地方，知县张斗耀不仅不赈济灾民，反而加大力度催征赋税——他之所以敢这样干，一方面，他知道如今坐在龙椅上的，已经不是当年那位严苛的朱元璋，国家对官员的制度性要求早已是一纸空文；另一方面，他固执地相信，只要施以冷酷弹压，无论多么大胆的刁民都只得像温驯的羔羊一样任政府宰割。

然而，张知县到底还是对刁民们的忍耐估计不足：当他派出兵丁四处抓人索赋时，终于导致了"民不堪其毒"的后果——原本就挣扎在死亡线上的老百姓，在张知县的逼迫下，终于知道该怎么干了：

一个叫王二的人纠集了数百个再也看不到当顺民希望何在的农民，他们聚集山上，以墨涂面，准备起事。王二高呼："谁敢杀张知县?"众人齐喊："我敢杀。"如是者三，这群人就在王二的率领下，冲进县城，杀死张知县，从此啸聚山林，成为陕北民变之始。民间经常爱说官逼民反，历史确实也一百次一千次地验证了它的真实性。

这个故事说明：

第一，播下的是龙种，收获的是跳蚤。再严密的制度，再美好的愿景，如果没有有力的监督（尤其是独立于权力的外部监督），随着时光的流逝与世道的没落，最终都会成为镜花水月。

第二，基层的溃烂一开始都是不引人注目的，都是统治者自以为不会威胁整体的星火。但量变引起质变，当越来越多的基层都陷入了溃烂的怪圈，无论多么体面堂皇的大帝国，也逃不脱垮台的下场。

敲骨吸髓的
发明

　　每个天下汹汹、民处倒悬的乱世，其形成的内因外因虽说各有不同，但有一点却是共同的，那就是官员的集体贪腐。有人曾经发牢骚说，把晚明的官员不论品级高低一律排成长队，一个不剩地全杀掉，肯定会误伤一些清官；但若隔一个杀一个，则肯定会误留太多贪官。

　　众所周知，草根出身的大明缔造者朱元璋，平生最看不得官员贪污，而他又给官员们设定了低得可怜的工资。在他身后，他的子孙们以变通的方式，给大大小小的官员增加了许多工资以外的额外收入，这些收入往往被笼统地称为陋规，处于半合法状态，其数额常常是工资的几十倍甚至几百倍。按理，官员们的日子应该很好过了。

但是，人是一种不知满足的动物，官员尤甚。有了五个想十个，有了十个想百个。更何况，每逢改朝换代的季世，约束人心与行为的道德伦理，往往被及时行乐的欲望击溃。当"千里做官只为财""纱帽下面无穷汉"之类的理念成为官场上下奉行的人生准则，那么即便朱元璋重生，对天下乌鸦一般黑的吏治恐怕也束手无策。

晚明官员们的黑色收入，除了历朝历代都免不了的下级向上级打点，以及利用工作之便贪污国家款项这些常见贪腐外，其他一些见诸正史和笔记的向民间因地制宜、因事制宜地直接捞钱，堪称从鸡爪子上刮油，令人叹为观止。

帝国的官员是呈金字塔结构的，处于金字塔中上端的中高级官员，并不直接与民间打交道，习惯上称为治官之官，也就是管理官员的官员。他们的贪腐大约有两个途径：

其一，直接从他们掌控的国家资源中化公为私；

其二，他们掌握着下面官员的升迁奖惩，手里有着国家赋予的对下级的合法伤害权，下面的官员自然免不了要向他们行贿。

至于金字塔下端的低级官员以及吏胥，他们直接与老百姓打交道，称为牧民之官。他们的贪腐途径也有两条：

其一，和中高级官员一样，直接从他们掌控的国家资源中侵吞；

其二，通过种种方法，从老百姓身上巧取豪夺。

这些官员为了从老百姓那里攫取钱财，其手段之下作，心肠之毒辣，名目之荒谬，都叫人大开眼界。下面试举数例。

驿站的设立，在古代中国由来已久。明朝驿站的维护和运行，包括一切人夫及设备，都由民户按田粮的多寡来负担。朱明初年，对官员免费使用驿站系统有严格规定，加上吏治甚严，几乎没有官员胆敢以身试法去揩油，驿户们的日子还算勉强过得去。

到了晚明，就像每个享国较长的王朝的崩溃前夕一样，百患丛生，全身糜烂。许多根本没有资格享受驿站的官员甚至家属，都纷纷贪占。比如御史毛羽健的老婆，听说老公在京城讨了小老婆，醋气冲天地前往京师训夫，居然也是"乘传而至"。

贪婪是人的本性，尤其是当权力得不到控制与约束之时，人心更会成为滋生贪婪的温床。官员们免费享受驿站服务之余，进一步把驿站当成了发财工具。

首先，利用驿站的免费运输，除了运送自己的行李外，还给其他商家承运物资。故而每有官员过驿，就会出现"轿或一二十乘，扛或八九十抬，多者用夫二三百名，少者用马四五十匹，民财既竭，民用亦疲"的局面。官员们给商家承运物资，当然不是做好事，而是要向商家收取物流费的，只是价格相应比市场上低些。这样，商家们有利可图，官员们也额外捞一份外快，彼此心照不宣，配合默契。至于国家和民众会因而受到什么样的损失，这是官员们懒得去想的。

其次，当时的官员已经不喜欢或者不会骑马了，一般都是坐轿子。坐了轿子之后，却要向驿站收取马干银。意思是我没骑你的马，你得把那笔省出来的钱给我。偶尔有官员骑马，则要向驿站收取惜马钱。一旦驿站不向他们交纳这笔千奇百怪的费用，官员们就会想尽办法折磨驿站的马匹——其实就是周边农民们提供的——要么割马耳，要么断马尾，甚至把马活活弄死。

到驿站当差，为来往官员免费服务，这在古代中国，属于徭役的一部分。而在诸多徭役中，驿站则是为害最烈者，乃至于顾炎武在《天下郡国利病书》中感叹，官员们如此勒索的结果是使得大多数地方的驿传"十夫九逃，十马九缺"。

冷兵器时代，马匹不仅是重要的运输工具，同时也相当于冲锋陷阵的坦克。每个时代，国家必须畜养一定数量的马匹以供使用，中央政府就有一个叫太仆寺的机构，其职掌就是马政。但就像畜牧局并不会直接放牧牲畜一样，太仆寺也不直接养马，而是把国家的马匹分散到老百姓家中寄养。

按明初规定，凡是为政府代养马匹的马户，国家要半免或全免其赋税，并划给相应的草场。可是，如同驿站的严格规定到了后来也成一纸空文一样，晚明时期，养马户也只剩下了义务而没有丝毫权利。

更要命的是，凡是马户代养的马匹及其所生马驹，以及国家临时交付寄养的马匹，一旦死亡，马户必须无条件赔偿。太仆寺及其下属机构的官员们，负责为这些马匹进行印烙和点验——很显然，国家机器给予了他们相当大的自由裁量权，比如马匹的等级优劣，全由他们说了算。

这样，马户就得向他们使钱，不然，所养马匹便通不过国家验收。使钱的数量有多大呢？据当时的文献记载，"养马之费什一，为马而费者恒什九"。如果养马本身需要十两银子，那么为了让马通过验收而向马政官员们行贿的钱常常得九十两。由此可见，晚明时期的马户的负担有多沉重。

驿传和马政的主要压榨对象是农民，而没有土地的市民，同样也随时可能面临并不见得就轻松的压榨。最主要的，也有两种，其一是火甲，其二是铺行。

所谓火甲，乃是一种由城市民众负担的负责消防和治安的差役。每座城市，每天必须有数人轮值，自备锣鼓、灯笼等物，选出一名总甲，在其带领下，沿街巡逻，负责城市夜间的治安和消防等事宜。

明代负责火甲的民众，乃不折不扣的苦差事。首先，队员们没有工资，纯粹尽义务。其次，官府需要采买各种物品，一般都要算到这些人身上，称之为纸笔灯烛钱。在南北两京，锦衣卫夜间也同时巡逻，这些政府公务员每晚的夜宵，也必须由火甲提供，若招待不周，则非打即骂，"害甚于资，贫民苦之"。更要命的是，一旦遇到命案，长时间不结案，总甲交不了差，只得求爷爷告奶奶奔走于各个衙门，免不了又得上下使钱，求得早日结案。

与铺行相比，火甲的痛苦就轻得多了。有个故事说，一个士兵脚上打了泡，有人问将军，如何让他忘了脚上的疼痛？将军说，把他的手砍掉。也就是说，要让人忘掉一个小痛苦，最直接的办法就是给他制造一个大痛苦。与此相类，如果说火甲是脚上打泡的话，那么铺行就是砍手。

按明初规定，全国的商户都有向政府提供各种物品的义务。当然，就像当初对马户养马规定了要付费一样，一旦商户向官府供货，官府也必须付费。具体做法是，一个地方的商户，按各商户的规模分为各种等级，或一年一轮，或一月一轮，轮番充任当行买办——也就是替官家采购。这是一项很有油水的事情，商家们打破了头也想分一杯羹。不过，在明朝，尤其是晚明，商户们无不把充任当行买办视为畏途。

首先，需要通过当行买办采购物资的官府各部门，以及为皇室提供服务的内廷，几乎都是采取先由当行买办按照政府提供的清单购买交付，之后再结账的方式——这个所谓的结账，运气好的商户，拖上三五几年，或许会得到一半或者三分之一的货款；运气不好的话，就可能成为一笔永远的呆账，得由自己掏腰包替政府买单。

其次，更令商户们头痛的是，即便你一开始就不准备把货款收回来，一开始就打算给官家尽义务献孝心，但是事情仍然没有这么简单——你送交官府的物资，官员们还得进行一番装模作样的验收。一旦你没有向他们行贿，那么再上等的商品，也会被他们判定为"不中程"，也就是不合格。一旦判为不合格，物资原物退回倒是其次，重要的是，充任当行买办的商户轻则遭一顿暴打，重则扔进大牢。

有资格向民间征调物资的各部门中，最为狠毒的当推皇帝身边的工作人员——内廷太监。这些太监们为了以儆效尤，对那些不懂事的商户，往往都是往死里整——他们明白，如果你不让商户们惧怕你，他们就不可能尽其所有地向你行贿。他们之所以向你行贿，正是因为你可以代表官家、代表高高在上的圣君，在阳光下合理合法地让他们妻离子散。

在这种无所不用其极的敲诈之下，一旦不幸轮值出任当行买办，也就离家破人亡不远了。为此，大学士高拱在给皇上的奏折中非常感慨地写道："有素称数万之家而至于卖子女者，有房屋盈街拆毁一空者，有潜身于此复逃躲于彼者，有散之四方转徙沟壑者，有丧家无归号哭于道者，有剃发为僧者，有计无所出自缢投井而死者，而富室不复有矣。"

虽然最高层已经意识到了这种敲骨吸髓的盘剥对民众造成的巨大伤害，但终明一代，这些朱元璋欲极力革除的积弊不但没得到根除，反而随着这个王朝灭亡的日益临近而更加丧心病狂。

这个故事说明：

第一，虽然官员口头上有各种谦称，是皇上亲自选定的民之父母，但当季世来临，他们的最大功劳就是使民众对朝廷尽快丧失信心。

第二，在被竭泽而渔的民众眼里，江山不再是儒家憧憬过的圣天子治下的王道乐土。诚如是，当朝廷处于危难之际，你还敢指望民众共赴危难吗？

乌龙会的
乌龙事

多年以来，杏花春雨的江南就是中国经济最发达，文化最繁荣的富庶之地。地处长江之尾的太仓，今天是一个只有几百平方公里的县级市。在明代，太仓则是一个辖有昆山、常熟和嘉定三县的州级行政区。以古人观点来看，太仓虽有三县，亦不过百里之地罢了。然而就是这个百里之地，在明代，却是人文荟萃的风水宝地。首辅王锡爵，兵部尚书王在晋，大才子王世贞、张溥、吴伟业，竟然都出自这区区百里之地。

举凡一国一邦，当其处于繁荣——哪怕是虚假繁荣——的清明时期，一大特征就是社会秩序稳定或相对稳定，官员大体能各司其职，人民大体能各安其业。换句话说，哪怕你是一个野心勃勃，腹内激荡着暴力梦想的嗜血狂，在那样的大环境下，你也只能极力压制自己的犯罪冲动。相反，当时代处于衰落的乱世，一大特征就是社会秩序不再稳定，动荡成为家常便饭。官员失职，人民不安其业，人性的恶如同放出笼子的饿兽。以太仓为例，当王世贞和王锡爵之时——甚至比他们更晚一些的张溥之时，这里的人民知书达理，倾心教化，敬畏法律；但当时代的车轮驶过甲申之变，同样是这片丰沃的土地，同样是那群歌哭于斯的人民，竟一下子变得面目狰狞。

《研堂见闻杂录》是亲历过甲申之变的一位没留下真实姓名的文人的作品，从书中内容看，此人系太仓人。书中，他记录了一个叫吕茂成的青年的奇特人生。

吕茂成幼年丧父，吃了不少苦，但人极聪明，谦逊好学。研堂主人虽只长他一岁，他却总是以先生相称，并时常向研堂主人请教诗文。26岁时，吕茂成考中秀才，且两次考试皆名列优等，"志意发舒，高睨阔步"。在研堂主人和其他人看来，这位彬彬有礼的年轻读书人，他拥有远大前程，将会如同大家预想过的那样，通过读书的方式，学而优则仕，进而改换门庭，光宗耀祖。

但是，谁也没能预想到的是，这位被研堂主人认为是美器的青年，却突然变成为患乡里的不稳定因素，乃至身败名裂，惨遭横死。导致这种巨大人生落差的，表面看，是一个叫乌龙会的民间组织；深里究，却是那个急剧变革的时代，把一个好端端的读书人推上了绝路。

关于乌龙会，先得从在中国流行了两千年以上的主仆关系说起。中国封建社会没有真正意义上的农奴，但一些穷困子弟入富家为奴的状况却很普遍。尤其是在江南经济发达地区，不少穷人迫于生计或是其他原因，只身或全家卖身为奴，投靠到富人或官宦人家帮忙或帮闲，乃是司空见惯的事情。

当时的规矩是，一旦某人进某家为奴，必定先立一纸字据为契约，主仆关系一旦确立，仆人终身对主人恭谦忠顺，主人则极力维护仆人利益。有不少仆人，就依靠其所托身的主人，"累累起家为富翁"；最不济，也能混碗饭吃，不至于流落街头。有明一代，这种主仆关系被认为是正常的，甚至是各安天命的有力证据。

但是，大动乱的到来，意味着各种原本正常的秩序分崩离析。在崇祯自缢煤山而南京尚未推举出新皇帝，清军也还没下江南这段时间里，太仓一带处于无政府的真空状态。无政府状态最能刺激的，就是各种动乱的因子。那些原本安于仆人地位的穷困子弟，似乎在一夜之间看到了翻身的希望。他们自发地结成成百上千人不等的团伙，各自胁迫其主人交出当初订立的契约，主人一旦动作稍迟，轻则老拳相向，重则举火焚屋。至于瓜分主人财产玉帛之事，也时有发生。其情其景，略相当于平白无故地不劳而获，而且还能把自己一向毕恭毕敬的主人打倒在地，再踏上一脚，这原是仆人们想也不敢想的事情。但皇帝死了，官府瓦解了，乱世来了，人性中的恶也就被激发出来了。好比一辆公共汽车，有的人坐着，有的人站着，大家原本相安无事。虽然站着的人想坐下来，但碍于既定秩序，也不敢公然把别人拉起来。但一旦有人带头这样做，榜样的力量是无穷的，汽车上的坐者与站者，多半会发生些逆转。所以，社会就像公共汽车，有座位的人号召稳定，没座位的人渴望有机会占座。

当年的具体情况是，既然改朝换代的剧烈动荡给站着的人带来了一次难得的占座机会，他们当然不会放过。如果说仆人找主人索契约逼财产还只是预演，那么乌龙会的出现，则是预演后的粉墨登场了。

所谓乌龙会，乃是"黠桀者数人，收集党羽，名'乌龙会'"。从乌龙会的人员结构，可以看出它所具有的对现存秩序的强烈而不可抑制的冲击愿望——"虽市井、卖菜、佣人、奴、不肖，但有拳勇斗狠，即收名庑下，衣食之。"按理，作为读书人的吕茂成，其社会地位理所当然比引车卖浆者流高，他和他们，原本不在同一个层面。但令人意外的是，这个多年来一直饱读圣贤书的学子，竟也一头扎进了乌龙会。

——读书识字的秀才，到底还是比村夫愚氓有头脑，他很快就成为乌龙会的三个大头目之一，身后有数百名追随者。我们可以猜想的是，与寒窗下孤灯苦读的寂寞和惨淡相比，身为乌龙会首领的颐指气使与口含天宪般的指点江山，如同给这个二十多岁的秀才打了几针鸡血。他不激动不冲动都不行。

关于乌龙会的具体情状，当年留下的史料不多。那么乌龙会到底都做了些什么样的事呢？

首先是向诸大姓——即富人——索要金帛。富人的财产来得是否清白，这是另一个层面的问题。问题是，是否有产者的财产来得不清白，穷人就有权将其抢夺呢？

清军渡江的消息传来，乌龙会确信官府更加失去了控制力，于是乎数百人手执兵器，穿上唱戏的天神服装，鸣锣呐喊，游行街头。次日，即向诸大姓索要金帛，诸大姓答应得稍慢了些，即扬言要入户抢劫。

一个叫龚诚宇的富人，属于那种要钱不要命的主儿。当乌龙会派人沿街向大户人家收取所谓的军饷时，其他富人纷纷忍痛割肉，龚诚宇却坚决不肯。于是乎，乌龙会"必欲碎其家为快"。当晚，数百人包围龚家，龚诚宇只身逃走，乌龙会将其家产席卷一空。这些抢来的财物，乌龙会首领如吕茂成等，主持了梁山泊式的大秤分金、小秤分银的宰割。比如在勒索一户姓金的富人后，得一千余金，大部分为吕茂成与另一首领顾慎卿所得，小部分为其部众平分。

这种趁天下大乱而乌合成股的"造反"既没有真正的危险性——旧政权已垮，新政权未建，富人们全是砧板上的鱼肉——也还能不劳而获地占有原本高高在上的富人们的财产甚至妻女，这怎能不令一直像草根一样屈辱活在底层的流民大有扬眉吐气之感呢？

所以乌龙会的第二件大事就是向富人们寻机报复。有一个姓马的富人，之前得罪了他的一个佃户。放在承平时代，这种事情多半以佃户的主动求和告终，但既然现在天下大乱，连皇帝都走投无路地上了吊，况且还有这个由穷人组成的乌龙会撑腰，佃户自然有了报复的底气。果然，这名佃户投奔了吕茂成。吕茂成于是带了百余人，各执武器，冲进马家，差点把倒霉的马某当场群殴致死。痛打之后，马某不得不捧出白金十余两，乌龙会方才善罢甘休。

第三是自封官爵，过一把老爷瘾。乌龙会中的绝大多数人，此前最为畏惧的就是官人，不要说县令，哪怕几个自称可以代表官府执法的衙役，就足以吓得他们屁滚尿流。但现在苍天有眼，赐给他们这样一个难得的乱世，他们也就有机会自由自在地过一把老爷瘾了。陈瑶甫是乌龙会另一支的首领，他建立帅府，自立为帅，手下兄弟们一个个都封了官，以至于"满坐参谋，成群大将，以为觅封侯如拾芥也"。

主人和仆人，绅士和农民，他们之间肯定有矛盾，但在政权稳定时期，这种矛盾往往以双方的各自隐忍和克制，以及由乡规民约或是地方政权的约束而得以调和。但像甲申之变后，天下鼎沸之际，所谓乱世出英雄——英雄的另一面则是混世魔王，当昔日的强者和贵者一旦处于劣势，弱者和贱者必定无所不用其极施以报复。

文学青年吕茂成的结局很悲惨。他一不小心就把自己当成了呼风唤雨的人物。虽然他领导的乌龙会干的都是些危害地方的坏事，但读过书的他深知推销的重要性，因而他所领导的乌龙会，"各以倡义为名"，尽管实际上干的都是"阴肆劫掠"之事。这种前呼后拥、取人性命于转念之际的领袖生涯虽然短暂，却足以让过去摇头晃脑吟哦子曰诗云的吕茂成把自己错误地拔高成逢乱而起的英雄。

这样，当清军进驻太仓时，居民和他的部下一哄而散，他竟然还像平常那样飘巾长袖，大摇大摆地走在街头，就好像汹汹而来的清军也是他的乌龙会会众一样。清军抓他时，他傲然道："我是吕茂成。"

清军也听说过这么个人物，于是脱了他的衣服，用一竿长枪穿过他的胫骨，再把他拴到绳子上，光着屁股押到他家里，把他几个月来抢夺的金帛，悉数卷走。此后，清军又把吕茂成牵到一间牛棚里，将其两手缚在柱头上，取来一件庙宇里菩萨身上的黄袍盖在他身上，讽刺他说："你不是想当皇帝吗？现在就了你的心愿。"

当然，吕茂成的心愿不可能实现。他被清军先挖双眼，接着割去了作为男人的标志，再一刀从胸前直劈到脐下。

对吕茂成这个曾经向自己虚心请教的文学青年的命运，研堂主人相当感慨："吕茂成才器大佳，使操之以正，上可以取功名，次亦不失一令士。"可是，他为什么落得这般田地呢？研堂主人的观点是，正是他两次考试优等，于是变得自负，加上乌龙会里其他人的怂恿，他便不知道自己能吃几碗干饭，把自己当作了应运而生的大人物，甚至幻想黄袍加身。

研堂主人的分析大抵正确，但不完整。因为，研堂主人没有看到的是，乱世的可怕，就在于它不但将使一般民众疯狂，哪怕是饱读诗书，主张温良恭俭让的读书人，也会不由自主地乱了方寸。在一个疯狂被认为是正常的年头，不可能有人可以置身事外地保持清醒。

这个故事说明：

第一，人之所以看起来善良，是由于他们暂时还没找到作恶的机会；一些好人之所以看起来是好人，是因为有众多因素作用在他身上。套用牛顿定律，那就是：任何个人在没有受到包括法律、道德在内的外力作用的前提下，将保持从良民劣变为坏人的趋势。

第二，无政府社会没有赢家，只有大输家和小输家的满盘皆输的社会。

潘多拉之盒
是怎样
打开的

　　崇祯在位 17 年，贯穿这 17 年的核心事件就是波澜壮阔的农民起义。作为大明帝国的终结者，李自成从一个失业的驿卒到投身农民军与朝廷为敌，再到挟数十万大军兵逼京师，问鼎天下，其时间段，也就是试图励精图治挽狂澜于既倒的崇祯统治期。这两个相差只有四岁的同代人，互相见证了对方——一方日益坐大，一方愈发颓唐，终至不可收拾。

　　那么，鼎沸天下的明末农民起义的潘多拉之盒到底是何时打开，又是怎样打开的呢？

　　与农民军打交道多年的督师杨嗣昌在给崇祯的奏章中认为，农民军起源于万历四十七年（1619），始作俑者是在与后金的辽东战役中溃败后落草的士兵。这种说法有一定道理，但士兵落草只是零星的和偶然的。明末农民起义的真正起源或者说标志性事件，其实是崇祯元年发生在陕西澄城的一起群体事件。

澄城位于陕西中东部，境内沟壑纵横，土地贫瘠，唐朝诗人杜牧有一篇短文说澄城完全靠天吃饭，如果遇上风调雨顺，"苗则大获"，一旦旬月不雨，"民则蒿然，四望失矣"。加上"复绝丝麻蓝果之饶"，因而境内"固无豪族富室，大抵民户高下相差埒"。总之一句话，这是个地地道道的穷地方。

史载，崇祯元年，陕西全境大旱，地处黄土塬上的澄城一带更甚，庄稼几乎全部绝收。对此大灾，官府不但没有予以救济，反而如同寻常年景一样，一个子儿不少地征收赋税。

澄城知县张耀采（后来有史家考证，另有张斗耀之说），其人"催科甚酷"。饥民们忍无可忍，终至有一个没留下名字，只知道姓王排行老二的人站出来领头闹事了。王二暗中联络了数百个饥民，聚集到澄城附近的山上，每个人都以墨涂面。王二高声问众人："谁敢杀张知县?"饥民齐应："我敢杀。"如此问答了三次之后，王二就带着这数百饥民闯入城里，杀死了张知县。杀了朝廷命官，自然再也当不成顺民了，王二只得上山打游击。

几乎就在王二起义的同时，与澄城同为陕西属县的府谷也因民不聊生而发生了王嘉胤起义。为了不被官军各个击破，两支农民军很快走到了一起。高迎祥也在陕北扯旗造反，并加入王嘉胤部。两年后，于前一年下岗的李自成投奔到了高迎祥帐下，明末农民起义渐成星火燎原之势。

王二造反杀死张知县，这对守土有责的地方官来说，无疑是极其重大的政治事件。对此，巡抚胡廷宴却令人吃惊地采取了不闻不问的策略。原来，这个"老而耄"的官员担心一旦把农民起义的真相向上级报告，势必惹火烧身，招来政敌的批评与朝廷的处分。为此，他采取的是顾头不顾尾的鸵鸟政策：凡是向他报告农民起事的，不分青红皂白，一律先打一顿板子，并声称，那只不过是饥民而已。等到明年收了粮食，自然就没事了。那时候没有现代报刊，也没有网络，官员想要捂盖子，当然比较容易。但同时带来的另一个后果则是盖子捂得越久，事情也就闹得越大，局面也就越发不可收拾。果然，当陕西遍地都是星星点点的农民起义之火时，包括胡廷宴在内的地方官员终于明白了一个铁定的事实：纸是包不住火的。

在再也捂不住的情况下，他们只得硬着头皮向朝廷汇报。不过，他们一方面在汇报时尽量大事化小，小事化了，另一方面又把责任往其他官员头上推。当兵部派人到陕西调研时，胡廷宴声称作乱的都是延绥巡抚岳和声管辖的边兵，因长期领不到军饷而造反，理应由岳和声负责。岳和声针锋相对地辩驳说，所谓盗贼其实就是胡廷宴治下的饥民，因地方官的横征暴敛才出事的，这当然是胡廷宴的过错。兵部的调研还没下结论，岳和声就病死了，而胡廷宴作为责任人之一被免职。

崇祯二年（1629）初，三边总督武之望病死，崇祯令杨鹤继任，负责处理陕西农民起义。杨鹤算是个明白人，他看出了解决农民起义的关键所在：如果仅仅用剿灭手段，农民军将会越剿越多，因为朝廷没有给那些饥寒交迫的农民任何生路，他们只能前仆后继地起而为贼。杨鹤认为，必须剿抚相结合，且以抚为主才能奏效。即由朝廷出资安顿饥民，给饥民以长远的生计，饥民才不会因恐惧于饿死而与朝廷为敌。

杨鹤的主张得到了一部分高级官员和崇祯本人的认可，他在陕西的安抚也取得了一定成效，先后有好几支农民军向朝廷投降。杨鹤松了口气，以为他的剿抚并用、以抚为主的策略乃是一剂立竿见影的良药。

然而，杨鹤这口气松得早了些。如果安抚手段能在一年前就实施的话，那么农民起义可能的确不会发生，至少不会此起彼伏地发生。此时的安抚没能起到釜底抽薪的作用，在于以下几个原因：

第一，安抚时机已失，最佳时机应该是在大旱发生之后，王二暴动之前。也就是说，它应该由负有治理责任的胡廷宴及时去做，而不是由朝廷大老远地从京师派来的杨鹤去执行。

第二，就在杨鹤剿抚并用企图双管齐下解决农民问题的崇祯二年，又发生了两起火上浇油的事件：

其一，当年，后金军大举入侵，在绕过辽东的袁崇焕后，直逼京师城下，山西巡抚耿如杞奉命率五千精锐驰援首都。到京后，第一天调守通州，第二天调守昌平，第三天调守良乡——如此频繁地调来调去，可见主其事者没有任何成熟的预案。更要命的是，按照明朝规定，凡是调守的军队，一律从到达驻守之地第二天起，才由地方供应粮饷。也就是说，耿如杞这支部队连调三日，却没得到一颗粮食。士兵们既饥且愤，沿路抢劫。等到后金兵自动退出长城，朝廷追究耿如杞所部士兵的抢劫行为，耿如杞因而被捕下狱。眼见主帅下狱，士兵们轰然奔散，陆续逃回山西，成为横行晋中的流贼，与陕西农民军遥相呼应。

其二，为了节约开支，崇祯于此年下令裁撤全国驿站。众多驿站工作人员一夜之间突然没了工作和收入，不少人也纷纷加入农民军队伍。其中，就有后来成为大明帝国掘墓人的李自成。

当农民起义如火如荼时，杨鹤的安抚为主的策略所起到的效果无异于杯水车薪，甚至成为农民军危急时自保的手段——接受安抚的假投降之后，一旦有机会，依然东山再起。个中缘由，倒不一定是农民离开了土地就变得更加狡猾，而是他们对冷酷的官府失去了最基本的信任。

崇祯四年（1631），杨鹤的剿抚并用、以抚为主的政策遭到政敌的强烈攻击，求治甚急的崇祯也对杨鹤失去了继续等待并支持的耐心。他需要一个官员为陕西局面的失控负责，杨鹤当然是最佳人选。于是，这位对朝廷忠心耿耿的高级官员被捕问责，不久就流放于袁州——即今天的江西宜春。

三年后，杨鹤的儿子杨嗣昌被提拔为宣大山西总督，负责对付农民军。对此任命，杨嗣昌推辞说：“我的父亲在总督任上被处分已经三年，我哪里忍心再当此职？”崇祯对杨嗣昌温言相慰，却不肯赦免还在流放地的杨鹤。一年后，杨鹤在失意中死去；七年后，杨嗣昌在绝望中绝食而亡。其时，即便是用脚指头思考的官员也已然明白：滥觞于陕北的农民起义，已经由可能治愈的疥癣之疾恶化为无药可救的心腹大患。

这个故事说明：

第一，在报假喜受嘉奖、报真忧遭撤职甚至脱了裤子打屁股的专制时代，一旦有群体事件发生，官员们的集体反应就是如何对上捂盖子，对下打板子，哪怕捂盖子和打板子将会给他们曾宣誓效忠的朝廷带来不可挽回的损失也在所不惜。因而，官员名义上是社会的管理者，事实上却经常干着挖统治者墙脚、灭民命如捻蝼蚁以固乌纱的伤天害理之事。

第二，朱元璋参加农民军推翻元朝建立大明，三百年后，他的江山被李自成如法炮制地推翻。循环往复的历史总是惊人相似。更加惊人相似的是，历史的教训总是被后来者一如既往地遗忘。

小朝廷
脖子上的
绞索

1644 年春，李自成进逼京师，已成瓮中之鳖的崇祯下令各地勤王。总兵唐通率八千人于危难之际抵达，崇祯欢喜之余，下令奖赏。赏银低得让人错愕：白银四十两。崇祯的吝啬固然在帝王中数一数二，但更重要的是，在明帝国彻底倒塌之前，这个老大帝国的财政事实上早已破产。一个帝国的覆亡，往往就是从财政的破产开始的。财政一旦破产，就等于被判了死刑。

可以说，崇祯所遇到的诸多问题，其核心或者说本质，都是财政问题。明朝的财政收入，和此前各代一样，主要是依靠田赋。按祖制，朝廷要把每年收入的三成积累下来，以备战争之类的不时之需。

张居正的财税改革，效果明显，国库里积累了上千万的银两。这原本是帝国最可靠的物质保证。可惜的是，在崇祯上台之前几十年，他的祖父万历在位时进行了三大征，把国库里的存余消耗殆尽。这样，当崇祯上台时，政治上是阉党作威作福的毒瘤，经济上是入不敷出的窘境。按黄仁宇先生的估算，崇祯时期的国家财政收入，在 2000 余万两——事实上，朱元璋确立的这个以农为本的国家，官府所征收的赋税并非易于流通的白银，而是以小麦为主的实物。所以，这个数字只能是折算。这 2000 余万两，相比于张居正时期的400 余万两，如果仅仅从数字上看，崇祯时代的财政收入翻了两番多。

奇怪的是，张居正时期 400 余万两就有盈余，而崇祯时期，2000 多万两依然捉襟见肘。其原因，就在于崇祯实在运道欠佳，他的这笔收入，用于帝国吃饭财政，显然是足够的。但既要对付农民军，又要对付关外女真，而打仗的消耗远非一般建设可比，这 2000 多万，一下子就如同杯水车薪了。当京师危急时，崇祯曾考虑过调吴三桂的关宁铁骑入京，仅因需要 100 万两银子，就不得不作罢。俗话说，一分钱难倒英雄汉，看来，有时候连富有四海的皇上也同样被难倒。

崇祯所面临的财政问题，也出现在他远在南方的继承者弘光身上。甚至，弘光小朝廷的财政危机，比崇祯还要严峻。

清军南下之前，弘光小朝廷势力所及的范围，主要在今天的江浙一带。与北方相比，这一带虽然所受战争蹂躏稍轻，而且一向土地肥沃，物产丰富，但毕竟地盘狭小，朝廷岁入在600万两左右。和崇祯遇到的情况差不多，如果这笔钱仅仅用于政府的日常运转，可能勉勉强强。但弘光政权此时面对的是清军和农民军两大强敌，必须得有一支数量庞大的军队拱卫。于是，军费开支成了小朝廷必不可少的巨大负担。

当时，南明军队主要包括江北四镇和左良玉部，总数约30万之众。按史可法的核算，每个士兵每年的费用最低也得20两，30余万人就需要700万两。——也就是说，南明即使把全部财政收入都用于军费，也还相差100万两左右。但事实上，任何一个国家都不可能把全部收入用于军队。其情其景，就像当时的工科给事中李清指出的那样："昔以天下供天下不足，今以一隅供天下有余乎？"

军队的开销之外，庞大的官员队伍的薪俸、公共设施的建设和朝廷礼仪的支出暂且不论，单是皇上的宫廷开销，就是一桩让户部头痛的事情。与崇祯的极端节俭完全相反，尽管国家局势江河日下，但弘光本着再穷不能穷皇上的原则，他本人及后宫的设施与排场，"种种皆援全盛旧制"。举个例子来说，当时宫中辖下的负责制作金银器的银作局，工匠就多达千名，单是每个月的伙食费，就达 3600 两，这还不算上千名工匠每天制作金银器具的花费。弘光登基后，为了给自己营造幸福生活，一是大选秀女入宫，二是以原来的宫殿漏水为名，大事营造。由于他只当了一年皇帝就做了俘虏，许多基建在他下台时还在建设之中。当他举行大婚时，其铺张达到了极点：单是一顶镶有猫眼石和祖母绿的礼冠，价值就高达白银 10 万两——相当于 5000 名士兵一年的费用。

财政收入极其拮据，而各种开支却如同溃坝之水，如何搞钱就成为小朝廷的首要问题——甚至比如何防范清军入侵还重要。毕竟清军不是一朝一夕可以打过江来的，但没有钱，自弘光以降的帝国公仆们的幸福生活就无法继续维持。在重农抑商的明代，能够向老百姓征收的赋税，转来转去，无非就那么几项，要想花样翻新，难度太大。更何况，正是对老百姓的敲骨吸髓，才使得帝国陷入了最深重的危机呢。

于是，弘光君臣也搞了一番开源节流。

开源方面，那就是卖功名和官职。按规定，各府州县童生只要交纳一定数量的银子，就可以免试取得秀才的功名，直接参加下一轮考试。至于卖官职，更是明码实价：武英殿中书 900 两，文华殿中书 1500 两，内阁中书 2000 两。卖到后来，又自行降价大甩卖，优惠大酬宾。部分中国人从来都是梦想当官的，科举时代，要当官，犹如万马千军过独木桥。现在弘光的利好政策，民间凡是有几个钱的，无不蠢蠢欲动。乃至于乡下的地主们，哪怕大字不识，也把地卖了，进城买官当老爷去。就连南京城里卖菜摆地摊被衙役追得鸡飞狗跳的小贩，也凑钱买个官做。当时的民谣讥讽说："中书随地有，都督满街走。监纪多如羊，职方贱如狗。"

买官的人多如过江之鲫，吏部就成了全帝国生意最兴隆的超级皮包公司，这公司的董事长，就是躲在深宫里花天酒地的弘光。卖官使得财政收入一夜之间直线上升，但这些通过买官上任的官员们，到任后自然会把做官看作一桩生意，他们又会如何变本加厉地收回投资，弘光是不想考虑也来不及考虑了。这就好比以前看过的一幅漫画：一头熊把它的手掌砍下来叫卖，口里嚷道："先富起来再说。"

倘若这些卖官的钱真正拿去充当军饷，以抵抗清军，或许还情有可原。但事实上，这些钱一部分成了弘光宫廷的开支，一部分落入马士英、阮大铖之流的私囊。如前所述，南明军队的军饷一年需求为七百万两，朝廷不可能满足，只得在其他方面对这些军阀给予补偿。这可算作节流。

首先是滥封诸镇将领，希望通过给他们个人加官晋爵的方式，换取他们的忠心——当然更重要的是，不要再一天到晚找中央政府要钱。滥封的后果，如同陈子龙指出的那样：
"伤体害政，非国之福。"

陈子龙的意思是，对有功的人都不宜轻易加封，要以物质奖励为主——看来陈子龙的确是书呆子，对弘光来说，多封个官毫无损失，拿物质去奖励，无异于从身上割肉。或许可以说，当一个王朝走到山穷水尽时，唯一可资利用的东西就是官职。不过，这种做法纯属饮鸩止渴。渴未解，人先死。

其次是给各镇划分防区，让他们在各自的防区里拥有独立王国般的事权："一切军民听统辖，州县有司听节制，营卫原存旧兵听归并整理，荒芜田土听开垦，山泽有利听开采，仍许于境内招商收税，以供军前买马制器之用……听各镇自行征取。"这种做法的结果有二，其一是各镇地盘成为独立王国，其二是各镇为了占据更富庶的地区，相互之间竟至武力相向。外患当前，又添内忧。

晚明几十年，财政问题乃是一切问题的核心。崇祯时代如此，弘光时代更甚。可以说，财政问题就是套在小朝廷脖子上的绞索，而这个小朝廷凌空悬挂，全靠绞索而不至于落入深谷。两难的是，解开绞索就会掉入深谷，而不解开绞索，迟早会被勒死。

这个故事说明：

第一，有钱未必能使鬼推磨，没钱却能使王朝覆灭，君王横死。所以，钱就是这个世界上最粗俗也最深刻的东西，从来都以赤裸裸的利益显示其存在。

第二，弘光明知他那竭泽而渔的奢侈生活只会加快他的王朝崩溃的进程，却依然奢侈得义无反顾而又兴高采烈，乃是他知道帝国这艘船随时可能倾覆，不如在倾覆之前，先好吃好喝地过把瘾，以便做个饱死鬼。

偶像的
诞生

在晚明，当摄影、彩色印刷、广播、电视还没发明时，个人崇拜如何发扬光大是一个难题。不过，任何困难都难不倒聪慧的大明人民，当这个病入膏肓的老大帝国需要搞疯狂的个人崇拜时，一种叫作生祠的东西立即成为晚明最奇特的景观。

祠即祠堂，原本是中国人为祭祀已故的先人或圣贤而修建的宗庙。至于生祠，顾名思义，就是为还活着的人所建的祠堂。建生祠的风气起源于汉代，其祭祀的活人，无一不是当世公认的圣贤或清官，一般由民间自发筹集资金修建。

从天启六年（1626）夏天到天启七年（1627）秋天的一年多时间里，大明帝国境内忽如一夜春风来，千座万座生祠倏忽之间拔地而起。这些耗资巨大的生祠，其富丽堂皇和流光溢彩，远远超过了祭祀神仙和菩萨的庙宇。明人朱长祚的《玉镜新谭》一书，专写阉党与东林党的争斗。他曾参观过多处生祠，对这些生祠的描写是："飞甍连云，巍然独峙于胜境；金碧耀日，俨如天上之王宫。各题其额，则曰：崇德茂勋，普惠报功。两翼其坊，则曰：三朝捧日，一柱擎天。"

这些生祠里，无一例外地供奉着同一个偶像。这个偶像被称为喜容。喜容用名贵的檀木雕刻而成，如真人般大小，身着冕服，手捧笏板，眼耳口鼻莫不惟妙惟肖，肚腹之间实以金银珠宝，头上的发髻处有一个小洞，用以安插时令鲜花。

这些生祠遍布大明各地，共有四十余座，从天子脚下的京师，到大明视为龙兴之地的安徽凤阳，乃至埋葬朱元璋的孝陵和祭祀孔子的文庙等森严之地，均有这些生祠的影子。生祠的正门上，悬挂着当时的皇帝天启题词的匾额——这些匾额题词，或曰普德，或曰著爱，或曰戴德。其中，一座生祠门前的大柱头上有一副对联，称赞祠里那个偶像：至圣至神，中乾坤而立极；乃文乃武，同日月以长明。

有一次，某座新落成的生祠里的喜容的头刻得稍大了些，冕旒无法戴上去，负责制作的木匠很自然地用刀去把喜容削小——他的这一举动令一旁监督的一群小太监如丧考妣，抱着喜容放声大哭。至于这个冒失的木匠将会遭到怎样的严惩，亦可想而知。

那么，这个令举国若狂的偶像到底是谁呢？

他就是历史上臭名昭著的阉党领袖魏忠贤。

魏忠贤能从一个被使唤的小太监，一跃而为帝国最闪亮的，也是唯一的偶像，在于他充分利用了天启不问政事、只知干木匠活的弱点，牢牢地把整个大明帝国控制在自己手中。

一手是对反对者无情打击。从收拾以谏官身份而为顾命大臣，向来以敢于说话著称的杨涟开始，凡是胆敢向他叫板的臣民，无论在朝在野，魏忠贤均予以铁腕镇压。遵化道耿如杞和苏州道胡士容，是帝国的两个中级官员。耿如杞从魏忠贤的生祠前经过时，没进去跪拜，只是远远地作了个揖；胡士容则不肯打报告建生祠。两人被同事告发后，魏忠贤所领导的阉党立即矫诏将他们逮捕下狱，并送往镇抚司严刑拷打，要他们承认强加的莫须有的罪名。两人吃不住，只得自证其罪。侥幸的是，天启暴死，崇祯上台，两人方才免于一死，带着满身创伤离开了监狱。后来朝廷再次起用耿如杞时，耿仍然对下狱之事心有余悸，迟迟不肯应命。工部郎中叶宪祖对京城主干道遍布生祠不满，私下讥讽说："这是天子去视察国子监的驰道，一旦天子的车驾到来，这木偶能起身行礼吗?"魏忠贤知道后，恼恨异常，将他就地免职。

另一手是对依附者奖赏有加。阉党能发展成一个一手遮天的团伙，在于魏忠贤对他手下的依附者们从不间断的论功行赏，使得他的依附者们把依附他、迎合他当作升官发财的终南捷径。顺天府尹（相当于京师地区一把手，但级别低于巡抚）某人，在宣武门外为魏忠贤建了座生祠，举行奠基仪式那天，工地上铺满了地毯，设置了香案，但当时不少官员大约还没摸清楚建这种生祠到底会有什么样的结果，因而没一个官员上去拜揭。顺天府尹的确是个懂政治的好官，他独自走上去，"八拜跪伏，意气扬扬自得"。不到半个月，上面的指示下来了，顺天府尹被提拔为右都御史，同时兼任顺天府尹。——那些不曾拜揭的同僚，很多人想必肠子都悔青了。

在接到提拔指令当天，顺天府尹非常蛮横地向手下官员宣布：今后路过生祠，不拜揭的处死，犹犹豫豫的问罪。至于最早提出要为魏忠贤建立生祠的浙江巡抚潘汝祯，很快就提升为南京刑部尚书——与此相对比的是他的同事浙江巡按刘之待，他请求为魏忠贤建生祠的报告比潘的报告晚到京师一天。于是，潘升官，刘去职。

人是趋利避害的动物，更何况中国人素有所谓识时务者为俊杰的说法。散布谎言或带头撒谎却能升官发财封妻荫子时，那些原本饱读圣贤书，曾经自诩以天下名教为己任的士大夫，除了极少数硬骨头如杨涟者外，大多数人都把脸面和良知这些不合时宜的东西毅然决然地扔进垃圾堆，摇身一变成为那个被割了生殖器的阉党头目的依附者和鼓吹者。

士大夫一旦扔掉了脸面和良知，他们的帮闲或帮忙就会变本加厉，无所不用其极。为了修建生祠，地方大员们不惜"竭人间之脂，起海内之怨"。一座精美的生祠，费银达数万两乃至数十万两，这些生祠名义上是民间自发修建，其实都是不折不扣的官府行为，自然得由财政买单。联想到晚明财政捉襟见肘，连驻守前线的将士也长年半饥不饱，而对一个宦官的个人崇拜却不惜巨资，这样的朝代不灭亡，简直天理难容。

至于为了修建生祠而夺民田庐，斩伐墓木，更是不可胜数。其中，河南为建一座生祠，就拆毁民房两千多间。巡抚杨邦宪在南昌建祠，为占用地皮，竟捣毁了祭祀周敦颐、程颐和朱熹的三贤祠。——看来，历代读书人尊崇的所谓圣贤，在个人的实际得失面前，实在不值一钱。

当各地官员"争颂德立祠，泅泅若不及"时，一个正直的官员，哪怕他不想通过建生祠讨好魏忠贤，但为求自保，也只得随大流。这就好比召开一个会议，尽管会场上那些口吐莲花的发言者都在撒谎，尽管你不想跟着撒谎，但当撒谎成为每个与会者必做之事，而一旦说真话就要拖出去枪毙时，不管有多么不情愿，你也只得跟着撒谎。

等到各种穷极工巧的生祠也无法出位，无法一举博得九千岁的青眼相加时，如何更好地或者说更加独出心裁地搞个人崇拜，就成为这个帝国大多数士大夫挖空心思琢磨的主要课题。一个叫陆万龄的国子监生员的倡议石破天惊，他提出，魏忠贤"提不世之贞心，佐一朝之乾断"，以前孔子诛杀少正卯，现在魏忠贤诛杀东林党，以前孔子著《春秋》，现在魏忠贤作《三朝要典》，从立德立言立功来说，魏忠贤都是与孔子平起平坐的伟大人物。因而，仅仅为魏忠贤建生祠还不够，应该把魏忠贤请进文庙，以配孔子，而魏忠贤的父亲，也应该配孔子的父亲启圣公。

看来，陆万龄的运气不太好——他肯定没想到，对魏忠贤作恶一直持默认乃至赞赏态度的天启的寿数如此之短。就在他上了这一骇人听闻的奏疏几个月后，天启死亡，继承天启大统，君临这个日薄西山的老大帝国的，就是企图励精图治的崇祯。

这时候，不仅陆万龄的倡议显得荒唐可鄙，那些金碧辉煌的生祠更像鲠在崇祯喉咙中的一根根鱼刺。这些刚刚竣工不久的巍峨建筑，它们的下场是以如同修建时一样神奇的速度被拆毁，就像当初为了修建它们时，毫不犹豫地拆毁民众的宅院或圣贤的故居一样。总之，拆毁有拆毁的理由，修建有修建的理由，再次拆毁更有再次拆毁的理由。至于这理由有多么堂皇，自然不是平民百姓可以与闻的。

这个故事说明：

第一，每个被当作偶像来崇拜的大人物，无论他的喜容多么慈祥可亲，多么神采奕奕，其背后都是天下苍生欲哭无泪的无奈和恐惧。

第二，豺狼当道的时代，当谎言就能获得高官厚禄时，发出正直的声音就像坐在火药桶上玩火，不仅玩的人危险，就连旁观的人也同样危险。

人到底
可以有多
无耻

　　明朝末年，河北肃宁一个姓魏的青年，偶然和一群恶少发生争执被群殴。侥幸捡得性命的魏青年，气愤之余，竟一刀割掉了胯下那玩意儿，冒充本该进宫做太监的李进忠，低眉顺眼地进了紫禁城，做了一名最基层的小太监。很多年以后，当这个依靠运气、机智和阴谋一步步成为大太监的魏青年终于扬眉吐气时，他恢复了自己的本姓。皇上认为他既忠且贤，遂赐名魏忠贤。

　　大凡对中国历史略有了解的人，对魏忠贤都不会陌生。太监这种怪物，源自一夫多妻的周朝。阉掉男人那玩意儿再放进宫里当奴才，做君主的就不用担心自己过多的女人有可能和他们熬更守夜地给皇帝戴绿帽子，宫廷里的大小事情也会有这些奴才去操持。这就是发明太监的最初动机。

不承想，如西谚所云，播下的是龙种，收获的却是跳蚤。到了后世，太监竟成了对帝国威胁最大的危险品。历朝历代太监为恶之最盛者，亦莫过于晚明的魏忠贤。

魏忠贤到底是一头多么凶猛的动物，我们暂且不表。在此，只想说一点，那就是面对强权与淫威时，原本以儒家的所谓"富贵不能淫，贫贱不能移，威武不能屈"为人生准则的士大夫堕落得有多无耻。

魏忠贤得势时的最高领导乃天启。大明诸帝中，天启的资质并不差，可惜的是，这家伙对治国毫无兴趣，倒是做得一手好木匠活。放在现在，肯定是个优秀的家具设计师，很可能被高端家具制造商高薪聘去做设计总监。魏忠贤的狡猾，就在于他摸准了这个木匠皇帝的脉，每有国事需由皇帝圣裁时，他总是趁天启在做木匠活的兴头上跑去汇报。一心扑在木匠活上的天启，哪有工夫管什么鸟国事？他不耐烦地说，"你没见我正忙吗？这么点小事你就不会自己处理吗？"有了这话，魏忠贤就有底了。这个原本姓朱的国家，基本就由姓魏的说了算。

中国封建社会的一大特点，就是每个朝代的士大夫中都有一批直臣，这些直臣认死理，敢玩命，总有一种天降大任于斯人——那斯人就是他们自己——的使命感。眼见阉竖当道，直臣们焉能不愤怒？于是乎，以士大夫为主体的直臣和以魏忠贤为核心的阉党之间展开了一场生死攸关的斗争。这场斗争，以阉党的大获全胜告终：魏忠贤首先拿名将熊廷弼开刀，并以熊为引子，把东林党诸多重要人物一网打尽。他指使手下指控熊贪污，当一些东林党或其他有正义感的官员为熊辩诬时，魏忠贤称这些人全都接受了熊的重贿。包括左副都御史杨涟、吏科都给事中魏大中等人在内的大批官员，纷纷被捕。

酷刑之下，这些人全都按审讯者的意图招了。他们之所以自证其罪，一则受不过刑，二则按明朝惯例，犯人一旦招供后，就应由心狠手辣的锦衣卫送到朝廷正式的司法系统三法司（即刑部、都察院和大理寺），他们希望获得申诉的机会。

但事态的发展出乎他们的想象。在他们招认了各种罪行后，并没有如愿得到转移，而是继续遭受三天一次的严刑拷打，追索莫须有的赃款。结果，严刑拷打下，这些倒霉的直臣全死于锦衣卫的黑牢。杨涟的尸体抬出来时，全身已经溃烂，胸前还有一个压死他时装有泥土的口袋，他的耳朵里有一根横穿脑部的铁钉。魏大中的尸体一直蜷在牢里，直到生蛆以后才让家人去认领。甚至，就连皇亲国戚也不能自保——宁安大长公主的儿子李承恩，家里藏有他的母亲从宫中陪嫁的器具，魏忠贤诬以"盗服御物"，论死。中书吴怀贤读到杨涟批评魏忠贤的奏疏，击节感叹，"奴告之，杀而没其家"。

在魏忠贤倒台之前两三年，全国性的恐怖统治业已形成：四个朋友在一起喝酒，其中一个喝高了大骂魏忠贤，另外三个人吓得不敢吭声。这时，东厂特务破门而入，当即把四人抓到魏忠贤处。骂人者剥皮，不吭声者受奖。

高压下的疯狂迫害，终于使直臣也不敢再直了——谁也不想当魏大中第二。那么余下的路在哪里呢？那就是依附魏忠贤，哪怕虚与委蛇也行，这就是中国人爱说的好汉不吃眼前亏。在这种明哲保身的实用主义思想指引下，什么气节、廉耻、儒家道统，统统见鬼去吧。这就好比做贼，最关键的其实只有一步，那就是第一步。迈出了第一步，之后就只是量的增加而非质的变化了。无耻一次是无耻，无耻一百次也是无耻，更何况，无耻还能换来高官厚禄，还能封妻荫子呢。

所以，事过几百年，我们就看到了晚明时代举国疯狂地向一个阉竖谄媚：大学士黄立极等人在代皇帝草拟的圣旨中，都称"朕与厂臣"，大臣们在奏章中更是不敢提魏忠贤名号，敬称厂臣；包括部长级的大批高级官员纷纷拜魏忠贤为干爹甚至干爷；浙江巡抚潘汝祯发明了为魏忠贤建生祠的独特歌颂形式，为这个目不识丁的文盲建生祠如同一场运动风靡全国，就连以正直著称的袁崇焕也不得不亦步亦趋。短短一年中，全国共建生祠四十多处，其中有两处甚至建到了安葬大明帝国缔造者朱元璋的孝陵和安葬朱元璋父母的凤阳皇陵旁边。这些生祠里，供奉着魏忠贤的偶像——当时称作"喜容"，喜容用名贵檀木雕塑而成，一副帝王相，外穿冕服，腹充金玉。生祠落成后，文武官员集体向喜容行五拜三叩大礼。生祠大门两侧，高悬着吹捧魏忠贤的对联：至圣至神，中乾坤而立极；乃文乃武，同日月以长明。最离谱的是，监生陆万龄竟向朝廷提出，鉴于魏忠贤功高盖世，应当以忠贤配孔子，以忠贤生父配孔子之父启圣公，共同接受后人膜拜。山东捕获了一头怪物，巡抚李精白坚持认为这就是瑞兽麒麟，他画了像向朝廷报喜，黄立极等人批示说："厂臣有道，所以仁兽才出现。"

对晚明士大夫阶层的这种集体无耻，时任扬州知府的刘铎的说法很具代表性，他说："生在这个时代，应该为自己的功名着想，别人的生死，跟我有什么相干？"几年以后，天启驾崩，崇祯上台，魏忠贤的好戏唱到了头，政府把被清算的阉党分子列了个名单，这个名单几乎囊括了自首辅到各部尚书、各省督抚、各地总兵在内的大多数高级官员——可怜的大明子民，曾经一厢情愿地把国家中兴的希望寄托在这些精英身上。

　　这个故事说明：

　　第一，无耻就像乳沟，只要肯挤，总还是有的；

　　第二，盲目把希望寄托在他人身上的人是可怜的，甚至还不如那个挨了打愤而自宫的魏青年。

奴才是不是
真的就
可靠

　　自古以来，中国人视作公理并认为天经地义的一件事，就是帝王可以拥有无数的女人，以供其无休止地淫乐。不过，后宫里女人一旦过多，麻烦也就来了：如何才能防止她们红杏出墙呢？帝王虽然热衷淫乐，既有这个爱好，又肯钻研，但身体与精力毕竟有限，不可能一一满足成千上万的后宫粉黛。而得不到满足的佳丽们如同一只只发情的母虎，到底会干出些什么样的荒唐事，很难预料。

　　当然，要防止红杏出墙，最好的办法是将她们像囚犯一样关在皇宫里。问题是皇宫里的工作并不能全部由女人来承担，比如市场采购之类。如果仍由女人去办理，她们势必与外界男子接触，一接触说不定就给陛下戴上了绿帽子。如果由男人承担，则男人就有堂皇的理由进入森严的后宫，这同样也有给亲爱的陛下戴绿帽子的可能。

为此，大约在周朝时，一个非常天才的办法出炉了：割掉男人的小鸡鸡后再送入宫中供驱使。这些没有小鸡鸡的男人就成了多妻制度下男人与女人之间最理想的第三性。这就是在中国历时两千多年的太监制度的起源。

太监们长年生活在皇帝和他的女人们身边，被皇帝和他的女人们看作是最听话最忠实的奴才，而这些奴才因主子的信任，常常一不小心就从后宫服务员摇身一变为宰割天下的权臣，这就是历代帝王都深恶痛绝的太监干政。

太监干政最厉害的时代有三：一是东汉末年，二是唐朝中后期，三是大明王朝。

说起来更像一个辛辣的嘲讽。朱元璋在位时，这个一辈子勤勉得令人佩服的凤阳老农民，鉴于历代太监干政造成朝纲崩坏的乱局，生怕他的子孙们也重蹈覆辙。他在多次讲话中，都声色俱厉地提到要严防太监干政，并明确指出，内臣不许读书识字——所谓内臣，是太监的另一个称呼。

他似乎怕自己的讲话时间一长，后人记不住，就铸造了一块铁牌，牌上写了一句话：内臣不得干预政事，犯者斩。但是，悲剧还是发生了，他之后的十几任皇帝，几乎每个皇帝都以实际行动给这位太祖一记响亮的耳光：他们全都离不开太监，太监干政最剧烈的时代就发生在明朝。用柏杨先生的话说，太监好像是明王朝皇帝的灵魂，明王朝皇帝不能没有太监，犹如一个人不能没有灵魂。

明代最著名或者说为祸最烈的太监有三个。

第一个是明英宗时期的王振，王振利用冲龄继位的明英宗不谙世事更不谙国事，成为权势遮天的第一红人。大约是经常看到朱元璋铸造的那块铁牌，王振心头很不爽，竟把那块铁牌擅自除去。后来，他怂恿明英宗冒冒失失地亲征瓦刺，致使明英宗以一国之尊竟被瓦刺军队俘虏。一个叫樊忠的军官在极度悲愤之中，用铁锤敲破了王振的脑袋。

第二个是明武宗时期的刘瑾。刘瑾是服侍明武宗长大的，明武宗对他有一种天然的亲近感。明朝皇帝里，明武宗在胡闹方面最杰出。比如他化名朱寿，封自己为大将军、总兵官、镇国公。他最热衷的事情只有两件，而这两件，偏偏一件都与治国不沾边。一是在豹房里鬼混，二是跑到边地宣府，居住在所谓的镇国公府。这样，大权便旁落到了与他最亲近的刘瑾之手。

刘瑾的权势之大，从他追查一封揭发他的匿名信的做派可见一斑：包括各部部长在内的三百多名中央官员被他勒令集中跪在奉天门前的烈日下，这些官员从早晨一直跪到傍晚，顺天府推官和兵部主事等官员竟然焦渴而死。后来，刘瑾因意欲谋反而被明武宗处以凌迟极刑。以前受过刘瑾祸害的吏民纷纷花钱买下刘瑾被割成条块的肉吃下，以解心头之恨。

第三个是天启时期的魏忠贤。魏忠贤既是有明一代权势最大、作恶最多的太监，也是两千多年来太监为恶的集大成者。他领导的是一个阉党集团，其成员不仅包括太监，还接纳了来自各个阶层的各怀鬼胎的机会主义者。这个集团最核心的部分称为五虎、五彪、十狗、十孩儿、四十孙。五虎是核心的核心，以兵部尚书崔呈秀为首，礼部尚书田吉为次，主谋议；五彪由武将组成，包括锦衣卫都督田尔耕，镇抚司许显纯；吏部尚书周应秋、太仆少卿曹钦程等为十狗。"自内阁、六部至四方总督、巡抚，遍植死党。"

崇祯早在继承哥哥天启的皇位之前，就对从魏忠贤为首的阉党干政洞若观火。他上台后，以迅雷不及掩耳之势除掉了这个大肿瘤，天下吏民对此无不欢欣鼓舞，把中兴的希望寄托到他身上。从这个意义上讲，如同老祖宗朱元璋一样，崇祯对太监干政的恶果心知肚明。然而，非常意外的是，崇祯竟然也走到了他的哥哥和其他祖宗们相信太监重用太监的老路上。其情其景，就像一个刚刚抢救完喝假酒中毒者的医生，自己却拿来假酒开怀痛饮。

崇祯的做法是把太监派到各地去充任监军。派太监当监军并不是崇祯的发明，在他的老祖宗朱元璋时代就有过先例——看来，朱元璋在对待太监问题上也是首鼠两端，一会儿不许太监干政，甚至识字也是罪过，一会儿却委太监以监军重任。

带兵打仗本是职业军人的职责，一支军队应该只有一位最高军事长官，这位长官直接向朝廷和皇上负责，并有便宜行事的权力，这是最起码的常识。但明代建国之初就不这么干，为了监视军事长官，每支派出去打仗的部队，总要由皇帝另派一位信得过的太监充任监军。这些太监既不懂军事常识，又依仗自己是皇帝的亲信而凌驾于将领之上，种种弊端暴露无遗。是故，太监监军制在嘉靖时代被废除，魏忠贤得势之后再次恢复。崇祯拨乱反正，监军太监悉数撤去，天下吏民都以为，太监监军的故事在本朝绝不会再有了。但仅仅过了四年，一向对太监没有好感的崇祯竟然恢复了太监监军制，并变本加厉，愈演愈烈。

崇祯再次重用太监，是建立在对文武官员的极端失望和极度不信任的基础上。明代皇帝中，与大臣关系最为紧张的首推崇祯。同时，他也是几乎历代亡国之君中，唯一一个把亡国责任推到大臣头上的。可以说，崇祯如同饮鸩止渴地信用太监，就在于他对文武大臣们的低下能力与贪婪人格失望之余，不复任何基本信任。在断定全体大臣都不过是阳奉阴违，都在以冠冠冕堂皇的宏大语言来掩盖私底下的蝇营狗苟时，崇祯决定，与其把军国大事交给他们，还不如交给宫里派出去的太监。他们毕竟是自己的身边人，在自己身边工作多年，他们应该不会背叛自己，不会做对不起自己的事。当吏部尚书闵洪学率全体朝官共同上疏反对太监干预军政时，崇祯生气地批评大臣们："如果你们都能殚心竭力为国效命，朕又何必用那些内臣呢？"

令人遗憾的是，尽管崇祯对太监赋予了难得的信任，太监们回报崇祯的却是另一番景致：

崇祯六年（1633）七月，总兵张应昌率军到山西南部围剿农民军，随军的监军太监阎思印却趁机大肆向地方官索贿。汾阳知县费某满足不了这个大太监的胃口，又恨又怕，悲愤中选择了投井自杀的极端方式。

甲申年春天，时局已到了火烧眉毛的地步，崇祯认为可靠的仍然只有后宫太监。他一面下令各地军政大员率兵进京勤王，一面派出 10 名太监充任 10 支部队的监军——这 10 名备受信任的监军太监中，赫然有阎思印的名字。看来，当年他索贿逼死朝廷命官居然没受到处分，依然高官任做，骏马任骑。

兵部尚书张缙彦对此坚决反对，他劝崇祯说："如今粮饷中断，士马亏折，督抚之类的高级官员们都因面临危局而打算甩手不干，骤然间给他们派去 10 个监军，不仅物力供应不足，而且事权分散，冷了督抚们的心。"但崇祯一意孤行，天然听不进任何反对的声音。

很快，张尚书的预言就得到了证实：被封为定西伯的总兵官唐通接到勤王旨令后，立即率 8000 名士卒奔赴京师。崇祯很高兴，下令奖赏这支来之不易的军队。但赏银只有区区 40 两。赏银低得离谱倒也罢了，令唐通完全无法接受的是，崇祯任命宦官杜之秩为其监军。放在平时，唐通对这个从天而降的太监监军，除了忍气吞声地接受，并无他法。然而，此一时也彼一时也，唐通深感自己身为一个堂堂方面大员，在皇上心中竟然还不如人家一个端茶送水的奴才，自尊心受到相当大的伤害。于是就以寡不敌众为由，提出前往居庸关凭险御敌，从而撤离京师。等李自成一到，唐通毫无悬念地选择了投降。具有讽刺意味的是，与唐通一起投降的，还有被崇祯认为忠心耿耿的太监杜之秩。更荒唐的是，李自成兵临城下时，昌平守陵太监申芝秀竟建议崇祯逊位。

当李自成围困京师的炮声刚刚响起时，崇祯思前想后，还是觉得只有太监才令他放心。于是，司礼太监王承恩被任命为守城总指挥，提督内外京城。这个王承恩总算给了崇祯一点面子：在大明覆亡的最后时刻，他陪同崇祯一起吊死在煤山的老槐树上，让崇祯没有沦为孤家寡人。

这个故事说明：

第一，统治者喜欢重用身边人，他们总是固执地认为身边人最听话最忠诚。但忠诚的人之所以看起来忠诚，往往只是背叛的诱惑还不够大。

第二，一个教授对一只青蛙说"跳"，青蛙立即跳了起来。教授切断了青蛙的腿，再对青蛙说"跳"，这回青蛙不跳了。教授于是下结论说，这个试验证明，一旦切断了青蛙的腿，青蛙也就失去了听力。按教授的逻辑，我们似乎也可断言，一个男人一旦被阉割，同时也就割掉了良知和忠义。

天子门生的
结局

　　甲申年三月十九日，李自成进京。怀里像揣了两只小兔子的故明官员们得到了二十一日进宫晋见新主子的通知。当天，大批官员如期来到承天门外，但宫门深锁，官员们不敢散去，纷纷席地而坐，翘首以待。一直等到午时，宫门仍然没有开启，倒是太监王德化带了十来个跟班从另一道小门走出来。

　　王德化看到官员群里的前兵部尚书张缙彦，上前质问说："你先生还在这里吗？明朝江山，都是你与魏阁老坏了事。"说罢，令跟班掌掴其面。张缙彦挨了一顿耳光，不敢吭声，只是"垂涕而已"。那个被王德化认为与张缙彦一道坏了明朝江山的魏阁老是谁呢？他为什么没有和张缙彦等人一起，坐在承天门外等待李自成的召见呢？

原来，魏阁老即魏藻德。在崇祯时期政坛上，魏藻德以天子门生而为当朝首辅，既以深得崇祯宠信著称，更以不负责任闻名。把他定位为晚明高级官员的代表人物，或许颇为准确。

官员这个职业，大体说来，最好要求从业者具备天花乱坠的口才。放在古代，更有从同僚中脱颖而出的良机。《明史》对魏的好口才，特别予以强调。魏在政坛发迹伊始，好口才曾帮了他的大忙；事半而功倍的效果，就源于好口才。

魏藻德是崇祯十三年（1640）进士，殿试已毕，一辈子求贤若渴却缺乏人才鉴别能力的崇祯"思得异才"，又特意召了他认为比较优秀的48名新科进士在文华殿恳谈。其间，崇祯问这些新科进士：现在内外交困，如何才能报仇雪耻？魏藻德的回答是知耻。崇祯认为魏的回答很得体，把他擢为第一。几年后，在另一次召对中，魏藻德的好口才又让他大出风头，再次得到崇祯的青睐。

对身边重臣，崇祯大体是先前信任有加，然后随着时日迁移，往往不复信任甚至痛下杀手。魏藻德却是一个罕见的例外，其原因有两个：第一，他火箭式地被提拔到首辅位置时，大明已是油枯灯灭之际，他的首辅只做了短短几个月；第二，他是崇祯在几十名最优秀的新科进士中选拔的第一名，于两人而言，便具有一种理论上的师生关系，对自己的门生，哪怕是天子，也会相应宽松一些，照顾一些。

魏藻德做了三年修撰后，即被提拔为礼部右侍郎兼东阁大学士，并入阁辅政。有明一代，如此火速的升迁，并不多见，以至于当时的首辅陈演见崇祯对魏藻德如此厚爱，也不得不"曲相比附"——陈演在出任会试总裁时，亲自提名魏藻德为副总裁，而按惯例，副总裁应由内阁的其他两名大学士担任。可见，论资排辈是官场的潜规则，但皇上的重视却是压倒一切的元规则。等到陈演被罢后，魏藻德几乎毫无悬念地成为一人之下万人之上的首辅。

不过，就像《明史》所说的那样，不论是礼部右侍郎也好，还是后来的首辅也罢，"藻德居位，一无建白"。这让人联想起《三国演义》中诸葛亮痛骂王朗时所指出的改朝换代之际的世相："庙堂之上，朽木为官，殿陛之间，禽兽食禄；狼心狗行之辈，滚滚当道，奴颜婢膝之徒，纷纷秉政。"

其实，不论魏藻德也好，还是他的前任陈演或再前任周延儒、薛国观也罢，这些原本肩负着辅佐天子、领导臣工重担的首辅们，他们所有的精力和智慧，全都放在了一件事之上，那就是如何巩固自己的既得利益。魏藻德在首辅任上的时间最短，唯一算得上是正经事的只干了一件，那就是在国库空虚，捉襟见肘，而崇祯又捂住自己的私房钱不肯拿出来时，倡议文武百官捐款助饷。尽管捐款是由魏藻德经办，他本人却只捐了区区 500 两，相当于太监曹化淳和王永祚的百分之一。也就是说，朝廷大佬们号召民众爱国，可他们自身却从来没爱过这个国。在爱国的义务面前，他们享有世袭的豁免权。

尽管崇祯对魏藻德宠信有加，但魏藻德回报崇祯的却是明哲保身——绝不肯为了天子老师而冒一星半点风险：当李自成兵临城下，京师指日可破时，李自成突然派人进宫，向崇祯提出了分国而王，接受朝廷招安的建议。对危在旦夕的崇祯和大明王朝来说，这无疑是最后一根从天而降的救命稻草，崇祯迫切地想抓住这根救命稻草，却又囿于帝王面子，明确希望由魏藻德来接受议和建议。他说："这个提议如何？现在事情已经很急迫了，你说句话决定了吧。"但魏藻德对崇祯的问话默然不答，只是鞠躬而已。崇祯急得从龙椅上站了起来，又几次问魏藻德的意见，魏藻德依然稳重得像个石头人，始终不肯开口。来人退下后，崇祯气得一把推倒了龙椅。

身处大明权力中枢的魏藻德，当然对大明帝国的危机心知肚明。他不愿意冒任何风险为赏识他的崇祯担责任，是他早就另有打算。按他的想法，等到大明灭亡之后，他可以主动向李自成投降。就像一家公司马上要被另一家公司兼并了，做老板的自然痛苦难当，但做高管的却在暗中谋划如何在新公司谋得一席之地。并且，他们自以为是地坚信，以自己在老公司的地位和声望，将来到了新公司，仍然会受重用。反正有过公司高管的历练，到哪儿没肉吃没酒喝呢，何必为了已经奄奄一息的老公司瞎折腾？

然而，魏藻德犯了一个很低级的错误：他的设想过于一厢情愿。作为朝廷老对手的农民军，他们对像他这样的高官的仇恨，没法因他的急于投诚而得到消解。这样，当一些被农民军认为还可以利用的官员被勒令于二十一日到承天门外接受召见时，作为罪大恶极的高官代表的陈演、魏藻德等人便没有了被接见的机会。二十日，魏藻德被关在刘宗敏府中的一间小屋里。魏藻德大为着急，他把脸贴在窗棂上对着外面大声喊："如果要用我，不管如何用，我都愿意。奈何把我关押在这里啊？"当魏藻德的同事们在承天门外席地而坐时，这位沦为阶下囚的前首辅已和另外两位内阁成员一起被押到了军营中，在受到一顿令故明官员们闻风丧胆的夹棍后，魏藻德不得不"吐金银以万计"——当初他为国家多捐一文都肉痛的银子，如今悉数给了农民军。其情其景，就像有人嘲笑一个一辈子不肯接近男人的美女：她生前坚决不肯交给男人的美丽胴体，最终都交给了地下的蛆虫和蚂蚁。

四月初一，农民军二号人物刘宗敏亲自审讯魏藻德，一上场，就给魏藻德戴上了夹棍，一边夹一边责问他："你身居首辅，为什么把天下搞得如此大乱？"魏藻德回答说："我本是书生，不谙政事，再加上先帝无道，才搞到了这种地步。"刘宗敏勃然大怒："你以书生考中状元，不到三年就成为首辅，崇祯对你如此赏识，有什么地方对不起你，你却诬蔑他无道。"——从刘宗敏的责骂中，我们隐约可以嗅得出一丝丝隐秘气息，那就是对上吊自杀的崇祯，农民军似乎并无太大仇恨，倒是对魏藻德这样的政府官员，他们满腔怒火。看来，只反贪官不反皇帝并不只发生在《水浒传》里。

刘宗敏出去后，一个叫王旗鼓的农民军军官负责继续审讯魏藻德，魏藻德讨好王旗鼓说，他有个女儿，愿意嫁给王旗鼓为妾。王旗鼓想必是个没多少文化的粗人，他看不起魏藻德这副德行，一边骂，一边踢。在六个昼夜的夹棍拷掠后，魏藻德的脑袋被夹破，当场死亡。但农民军向他追索的赃款十万两银子仍然没有交清，于是又逮捕了他的儿子，同样用夹棍审讯。他的儿子哭诉说："家里的确没有钱了，如果我父亲活着，还可以向门生故旧借款，现在我父亲已经死了，我到哪里去弄钱啊？"魏藻德的儿子刚说完，农民军即挥刀砍去。在魏藻德被夹棍夹死之前，他的前任陈演也被李自成斩首，他的同事和副手邱瑜与方岳贡，两人不堪拷掠，于监房上吊自杀。魏藻德和他的两个副手，仅仅比他们的老板崇祯多活了不到一个月。如果他们在一个月前城破时战死或自尽，尽管他们生前乃尸位素餐的国家寄生虫，但想必还会赢得一个忠臣死社稷的哀荣。而一个月之后的死，则不仅让他们尝尽了农民军的凌辱与酷刑，还将留下永远无法清洗的骂名。

这个故事说明：

第一，真正英明的人，不仅生得恰到好处，死也要死得恰到好处。尤其是摊上改朝换代的大动乱，趁着动乱到来之前闭上双眼，眼不见心不烦，未尝不是两害相权取其轻的好事。

第二，身处乱世却位高名盛且多金，这不仅不是幸福的根本，反而有可能是天谴的原罪和灾难的潘多拉之盒。

像周延儒
那样揣测
圣意

　　科举时代，在各省主持的乡试中获得第一名者称为解元，在礼部主持的会试中获得第一名者称为会元，在皇帝主持的殿试中获得第一名者称为状元。一个人如果一身而兼解元、会元和状元，就叫三元及第。这种三元及第的例子，在上千年的科举时代，总共不超过 20 人。其中，明代将近 300 年间，仅有两人。所以，当周延儒在中了会元之后又中状元时，虽然不是极品的三元及第，但高中两元，也是一个了不起的奇迹。更何况，周延儒连中两元时，才刚满 20 岁。

　　关于状元的风光，宋代学者尹洙曾经感叹说，哪怕是带领十万大军，收复被异族占领的幽州、蓟州，把异族追杀到穷边大漠，凯旋而归，到太庙献捷，也比不上状元的荣耀风光。如同两宋一样，明朝也是一个重文轻武的时代，年方弱冠的状元，他的看得见摸得着的远大前程，不仅令天下读书人羡慕，简直要嫉妒得发狂。

周延儒中状元是在万历四十一年（1613），这位状元不仅年轻，而且长相英俊，总之好事都让他占全了。他以翰林院修撰的职务进入职场，一路平稳而快速地升迁：由右中允到少詹事（两者均为管理东宫事务的詹事府官员，少詹事为詹事府副职，级别高于右中允）。等到崇祯即位后，他对这位周状元表现出了极大好感，提拔做了礼部右侍郎，算是副部长级的高级官员了。

史书上称周延儒"性警敏，善伺意指"。什么意思呢？就是说他有着敏锐的政治嗅觉，善于揣测圣意。在一个只需对上级负责，不需对下级、更不需对平民百姓负责的体制内，这就是生存和升迁的不二法门。

崇祯元年冬天，驻防锦州前线的士兵因缺少粮饷而哗变，督师袁崇焕连上奏章请求朝廷发饷。但是，我们知道的一个历史事实是，崇祯不仅多疑，而且极为吝啬，花钱就像要他的命，哪怕这钱是用来保卫他们朱家的江山。

当崇祯把这事拿到御前会议上商讨时，众大臣都认为应该立即发饷，以免变生肘腋。但周延儒警犬一样的政治嗅觉揣测出了崇祯的真实想法。他说："关门以前是用来防止敌人的，现在却成了防备我们自己的军队了。宁远的军队哗变，朝廷不得不发饷，现在锦州的军队哗变，又不得不发饷，恐怕今后各地的军队都要捡样子跟着干了。"

崇祯一听他的说法与众不同，就问他："那该怎么办？"周延儒说："现在事情紧急，不得不发，但应该寻求一个长久的办法。"

几天后，崇祯又和大臣商量此事。周延儒说："粮饷莫过于粟米最佳，山海关一带并不缺粟米，缺的是银子罢了。军队为什么哗变？我看其中必定另有隐情，这很可能就是那些骄横的将领通过煽动士兵闹事来要挟袁崇焕。更何况，古人罗雀掘鼠，也能军心不变嘛。"

一席话说到了崇祯心坎上，崇祯龙颜大悦，从此对周延儒更加另眼相看。一年后，内阁需要新增一名大学士，大臣们推荐了 11 个人，崇祯最属意的周延儒却不在名单上。崇祯一怒之下，名单上的 11 个人一个也没用。周延儒在崇祯的直接关怀下，成为一匹政坛黑马：他被任命为礼部尚书兼东阁大学士，进入内阁。大半年后，首辅成基命退休，周延儒顺利接班，升至首辅，也就是事实上的宰相。这时，周延儒年仅 36 岁。36 岁而为朝廷宰相，人生之辉煌，权势之炙手可热，于斯为盛。

与周延儒相差仅四个月进入内阁的，是后来与周共同列入《明史·奸臣传》的温体仁。温体仁城府很深，内心特阴暗。他对深受崇祯宠信的周延儒，明里谄媚附和，背地里却不断给周延儒挖坑设套，时刻打算取而代之。

对此，周延儒竟然一无所知——看来，他的心思大多花在了崇祯身上，完全没注意到这个恭谦的同事正在磨刀霍霍。在温体仁挖了周延儒将近四年多的墙脚后，周延儒竟然还是没有意识到温的阴险。由于温的使坏，当周的亲信李元功被治罪并将祸及他本人时，他还指望温体仁站出来为他说话。当然，温体仁不可能站出来为他说话，除非是落井下石的坏话。当了4年多首辅后，周延儒不得不引疾乞归——也就是申请病退。

周延儒年轻时，与东林党关系不错，后来因为攻击东林才子钱谦益而与东林党分道扬镳。但当他做主考官时，东林党的重要分支或者说继承者——复社的主要领袖人物张溥和马世奇等，都出自他的门下。因而，周延儒在与温体仁的明争暗斗中失宠罢官，得到了东林党大部分人的同情和声援。作为门生的张溥甚至多次给周延儒谋划，希望他有朝一日东山再起，一定要以东林党人为靠山。

果然，乡居8年后，周延儒再次被崇祯起用，复为首辅。在首辅任上，周延儒主要干了两件事，一是大量任用东林党人，二是终止温体仁施行的一系列政策。

客观地说，周延儒也做了一些有益于社会的事，比如免除战乱地区老百姓所欠粮税，允许受灾地区的人民以夏麦代替漕粮，赦免戍罪以下的犯人，等等。但是，周延儒本身的才能似乎仅仅局限于读圣贤书，作八股文，对于经世治国，对于日非的国事，他完全没有一个宰相应该具备的才干。

并且，周延儒做官的第一要义就是如何揣测圣意，以便戴稳自己的官帽。悠悠万事，惟此为大。更致命的是，周本人贪墨成性，上行下效，投到他门下的一帮人如吴昌时等结党营私，只顾往自己口袋里塞钱，以至于攻击这位宰相的奏章从来就没有间断过。尽管崇祯千方百计为周延儒开脱，但时日一久，"延儒颇不自安"。

很快，周延儒敏锐的政治嗅觉又让他捕捉到了一个自以为可以邀功固宠的机会：崇祯十六年（1643），清军迂回入关，一直侵略到山东境内，并几次逼近京师，崇祯极为焦虑。其实，当时清军还没有和明朝争夺天下的意思，入塞不过是为了掠夺人口财物。

就在清军满载而归准备回东北时，周延儒主动向崇祯提出他愿带兵出京御敌。周延儒充分分析过形势：清军志在把人财物送回东北，必然无心恋战，只要把清军送出长城，就可以坐收击退强敌、保卫京师的大功。崇祯对周延儒的主动请缨甚是高兴——首辅亲率军队深入一线作战，有明一代，还鲜有先例呢。

周延儒率军出城后，按他的如意算盘，反正清军早晚都要出塞，只要尾随在后拖延时日就行了。为此，他每天只是和幕僚们饮酒作诗，根本不打算交战。果然，清军真的一路扬长而去，周延儒把各路军队抓获的散兵游勇和一些平民百姓斩首，向崇祯汇报说与敌激战后斩获数百骑，已将清军驱逐到塞外。一年到头总是被失败的噩耗弄得心焦似火的崇祯接到周延儒的捷报，大喜过望，一次又一次地给予嘉奖，晋升周为中极殿大学士犹感不够，进一步封为太师——此前大明二百多年里，只有张居正一人获此殊荣。对此，周延儒也感心虚，坚辞不受。崇祯还以为他谦虚谨慎，更加感动得一塌糊涂。

然而纸包不住火，言官们的弹劾奏疏很快送到崇祯手里。崇祯开始不大相信，也不愿意相信，这么一次微不足道的胜利也是他亲信的重臣在糊弄。不久，锦衣卫的特务们终于把周延儒日日饮酒和杀良冒功的情况密报上来，崇祯既怒且悲。不久，保定巡抚徐标进京晋见，他向崇祯报告沿路所见到的清军掠杀后的见闻："臣自江淮来，一路经行数千里，被攻陷过的城市荡然一空，即便没有攻陷过的城市，也仅存四壁城墙。物力已尽，蹂躏无余，蓬蒿满路，鸡犬无音，路上竟然没有见到过一个耕田的人。皇上如果没有人民、没有土地了，如何还能达到天下大治呢?"崇祯听了，流着眼泪说："都是诸臣不实心任事，才弄到这步田地呀。"

对周延儒的公然欺君，崇祯下令将其罢免，不过还算是给足了面子，不仅让他享用公家的驿传，还赏了上百金的路费。但几个月后，孙传庭在潼关进剿李自成兵败身亡，引发了周延儒的政敌们对周的又一轮攻击——虽说孙的败亡与周没有直接关系，但急火攻心的崇祯太需要一个发泄目标。

周延儒恰到好处地充当了这一目标。

当年十一月，周延儒被特务从家乡押到京城，关押在一座古庙里。十二月初五深夜，崇祯下令周延儒自裁。奉旨执行的太监刚念完"自裁"二字，吓糊涂了的周延儒竟转身想跑，但哪里跑得掉呢？太监们强行把周延儒吊在房梁上，气绝后两个时辰，周的身体还是温热的，太监们怕他死而复生，就找来几枚又粗又长的铁钉，钉进他的脑袋。

一代首辅就以这种极不体面的方式结束了生命。

这个故事说明：

第一，就像最优秀的气象学家也没法完全准确地预测风霜雨雪一样，再聪明的近臣也没法一如既往地准确揣测圣意，因为圣意高难问，如同千变万化的变形金刚；

第二，善于揣测圣意可能会带来一时的好处，却不可能带来一世的好处。所以，专制政体下，哪怕当个一心一意媚上固宠的奸臣，也不见得就能笑到最后。

讨小老婆是
危险的

1979 年 12 月 29 日，气象学家洛仑兹在华盛顿的美国科学促进会上演讲时宣称：一只蝴蝶在巴西扇动翅膀，几天后会在得克萨斯州引发一场龙卷风。这一论断称为蝴蝶效应。它常常用来说明看上去风马牛不相及的两件事情之间有着怎样意想不到的关联，也用来说明微小的细节也可能会带来巨大变故。

无独有偶，在英国民间，自从十五世纪以来，一直流传着一首民谣。民谣唱道：

少了一枚马掌钉，掉了一只马掌。

掉了一只马掌，失去了一匹战马。

失去了一匹战马，打败了一场战役。

打败了一场战役，毁掉了一个国王。

这首听起来有些滑稽的民谣，讲述的是一个真实故事：1485 年，英国国王查理三世与亨利伯爵在波斯沃斯展开决战，此役将决定到底谁成为新的英国国王。

战前，马夫到铁匠铺为查理三世备马，铁匠因近日一直忙于为军马钉马掌，铁片用完了，他向马夫请求宽限时间。马夫表示大战在即，等不及了。铁匠只好把一根铁条切为四份加工成马掌。当钉完第三个马掌时，铁匠又发现钉子不够了，要求去找钉子。马夫不耐烦了："上帝，军号都响了，等不及了。"

铁匠为难地说："缺少一根马掌钉，钉上去也不牢固。"马夫说："你就凑合一下吧。"——这样，查理三世的战马的第四个马掌就少了一颗马掌钉。

战斗打响，查理三世率军冲锋。这时，意外发生了：他的坐骑因突然掉了一只马掌而马失前蹄，倒霉的查理三世栽倒在地，惊恐的战马脱缰而去。国王的落马使士兵们阵脚大乱，一时间溃不成军，原本胜算在握的查理三世竟然成了俘虏。绝望中，郁闷万分的查理三世长叹："上帝啊，我的事业竟然毁在这匹马身上！"后来，莎士比亚对此也总结说："马，马，马，一马失天下。"

从查理三世因一颗马掌钉痛失江山，到大明帝国走向万劫不复的深渊，时间悄然过去了一个半世纪，"清歌漏舟之中，痛饮焚屋之下"的大明官员自然不知道这个远在万里之外的夷人故事。只是，就像不可能闭上眼睛世界上就没有悬崖一样，人类社会内在的普遍原则，东西方同样适用。如果用蝴蝶效应和马掌钉连锁来分析明王朝的灭亡，那么，这个立国两百余年，曾经威震东方世界的老大帝国，它的灭亡竟然和一个高级官员讨小老婆有关。

这个官员叫毛羽健，湖北公安人。像大多数那个时代的官员一样，都是学而优则仕的佼佼者。毛羽健在京城任御史，也就是监察部官员。从留下的历史记录看，毛基本还算一个敢于说话、比较正直的人。

这个正直的人有一大毛病：惧内。用现在的话说，叫怕老婆。那时候，讨小老婆是文人士大夫常有的事情，毛羽健想得心痒痒，却碍于河东狮，提都不敢提。面对如花似玉的侍女们，从来都做出柳下惠再世的样子。

有一年，毛羽健好不容易把老婆哄回老家去探亲，老婆前脚刚走，他马上就偷偷纳了一房小妾。没成想，这事还是被远在千里之外的老婆知道了。老婆大为恼怒，当即结束衣锦荣归的探亲日程，星夜赶往京师。正当毛御史和小老婆爱得兴高采烈时，老婆大人从天而降，傻了眼的毛御史除了讨饶，再没任何办法。

毛御史的老婆能够这么快就从家乡千里迢迢地赶到京师大发雌威，和她充分利用了当时世界上最先进的驿站系统不无关系。用史书上的话来说，叫作"乘传而至"，也就是乘坐驿站的车马，享受驿站提供的便利服务。

　　今天的中国境内，到处都有以某某驿命名的地名，这表明此地在古代是如同神经般遍布帝国全身的驿路系统中的一个点。在古代，驿站兼有官府招待所、帝国邮局和信息传递中心的职能。正是通过密密麻麻的驿站，帝国中枢和地方各级官府之间的公文来往、官员们的交通往返才能得到及时而必要的保证。

　　可气的是，毛御史的老婆竟然利用这个系统不远千里地从老家赶到京师争风吃醋，令毛御史又悲痛又郁闷。惧内的毛御史不敢跟老婆较真，这个可怜的人只能迁怒于驿站系统。

　　为此，作为监察百官，专事向皇上提合理化建议的官员，毛羽健上了一道奏章。奏章里，他极言驿站之害，要求撤掉全国驿站。另一个叫刘懋的给事中也跟着附和，认为如果裁撤驿站，不但能禁止官员们揩国家的油，还能因裁掉了驿站工作人员而节省一大笔财政支出。

　　节俭成性的崇祯听了怦然心动，于是一道圣旨飞出紫禁城：全国驿站统统停办，所有驿站工作人员一律不再聘用。

也就是说，由于毛御史纳妾藏春的风流事做得不够小心，全国数以万计的驿站工作人员一夜之间全部失业。

受裁撤驿站影响最大的，陕西首当其冲。计六奇的《明季北略》总结说："秦晋土瘠，无田可耕，其民饶膂力，贫无赖者，借水陆舟车奔走自给，至是，遂无所得食。未几，秦中迭饥，斗米千钱，民不聊生，草根树皮剥削殆尽……又失驿站生计所在，溃兵煽之，遂相聚为盗，而全陕无宁土矣。"

无以谋生的下岗驿站人员中，有一个就是后来大名鼎鼎的李自成。李自成家里几代人，一直以养马为生，家境中等，是故李自成小时候和侄儿李过一起上过一段时间私塾。父亲死后，家道中落，李自成不得不到一个姓艾的地主家里放羊抵债。成年后，李自成到甘肃当边兵，后来又回到陕西做驿卒。

驿卒虽然不见得就是美差，但至少要比那些朝不保夕的农民好。如果不是政府突然宣布裁撤驿站，可以想象，李自成多半会在这个养养马、送送信，为来往官员们搬搬行李的岗位上干一辈子。若天下不是太乱，他当然会积攒几个钱，讨上一个粗手大脚的婆姨，再拉扯一窝乱七八糟的儿女，然后四十来岁就成为一个慈祥的爷爷，谦恭而又麻木。

然而，世道变了，李自成没法再在驿站混下去。要想活命，他就得另谋生路，而这所谓的另谋生路，于一个生逢乱世的粗豪汉子来讲，只有杀人越货才是最简单最直接最可行的——以后的故事就不用我讲了：前驿卒李自成最终成了大明帝国的掘墓人。当他率领农民军把京师团团包围时，当初下令裁撤驿站，从而让他失业的崇祯走投无路，只好上吊自杀。

这个原本老实巴交的陕西农民，因缘际会地成了那只引发龙卷风的蝴蝶。

这个故事说明：

第一，节俭的确是美德，但过分节俭就是可怕的美德；

第二，一部分人讨小老婆是危险的，它有可能导致另一部分人失业和失业之后铤而走险。

比一比，
看看我们
谁更穷

变态的古代社会，盛产一些变态的人与事。历史上，帝王将相斗富故事层出不穷，最著名的莫过于西晋的石崇与王恺：一个用蜡烛烧火，一个用糖水涮锅；一个用香料涂房子，一个用赤石脂搞装修；一个把门前四十里路用锦缎围起来，一个针锋相对，干脆就围五十里。帝国大首长司马炎对这种荒唐行径不但不加制止，反而觉得有趣得紧。

就在这些达官贵人比赛炫富之时，帝国子民却饥寒交迫，呼号于途。于是乎，我们也就不难理解，为何看上去强盛一时的西晋帝国只维持了极为短暂的时光。不过，权贵们斗富是常态，而比一比，看看我们谁更穷——或许可以称为斗穷——则是非常态。这样的奇迹，就出在怪事如麻的晚明。

崇祯年间（1628—1644），天下鼎沸，关外女真渐成气候，关内民军势成燎原，崇祯像个救火队长一样忧心如焚，手忙脚乱，最终仍免不了做个励精图治的亡国之君。究其原因，固然有大厦将倾独木难撑之窘，但其时国家财政之捉襟见肘和以崇祯为代表的高级官员们的集体哭穷似乎更有直接关系。

甲申年正月，"流贼"李自成在西安建立农民政权，他的百万大军怀着必得天下之志从西安出发，经军事要地宣府、大同进逼京师，并相继攻陷了平阳和太原，帝国的心脏京师已指日可下，大明的局势可以说到了火烧眉毛的窘状。无计可施的崇祯特地召见吴三桂的父亲吴襄和户部、兵部的官员们，讨论放弃宁远，调吴三桂紧急入卫京师。

吴襄提出，如果吴三桂入卫京师，大约需要100万两银子的军费。100万两银子在毕生俭朴的崇祯眼里，是一笔数目庞大得令他肉痛的费用。他差点从龙椅上跳了起来："怎么要这么多钱？"吴襄就为他一笔一笔地算，算到后来，崇祯闭嘴无语了——他实在无法忍受一下子拿出这么多银子，为此，崇祯只得放弃了这一原本还算不错的计划。

为了坚守京师，筹饷是一件大事。召见吴襄之后，崇祯多次向户部提出要解决这一问题。但此时的大明王朝已是苟延残喘，国库的存储竟然仅有区区 40 万两。户部官员面对崇祯严厉的责骂仍然无计可施，而与此同时，崇祯个人的财产却丰厚无比。为此，大臣们反复上疏，恳请崇祯拿出属于他个人的内帑以充军饷。所谓内帑，说白了就是属于皇帝个人的私房钱。但这无疑要崇祯的命，他向大臣哭穷说："内帑业已用尽。"左都御史李邦华着急了，也顾不得是否当众顶撞圣上了，他说："社稷已危，皇上还吝惜那些身外之物干吗？皮之不存，毛将焉附？"但崇祯默然良久，依旧哭穷："今日内帑，难以告先生。"说罢，像是为了给他的哭穷增添一点生动细节，他竟潸然泪下。

国库没有钱，皇帝有钱却不愿出，要想再杀鸡取卵或竭泽而渔地从老百姓头上搜刮，却已经没有充足的时间和充足的地盘了。这时，崇祯万般无奈，只得要求文武百官无偿捐助。但天下最富的皇帝都对拿钱保卫自己的天下不乐意，又有几个官员肯跟自己的口袋过不去呢？

国丈周奎既是崇祯的岳父，也是当时最有钱的富豪之一，可当募捐的司礼监太监徐本正到他府上劝捐，哭着劝了半天时，周依然不为所动。最终，徐愤然说："老皇亲如此鄙吝，朝廷万难措手，大事必不可为矣。即便广蓄多产，后来何益？"崇祯知道后，只得密令周奎，要求他捐十万两，以便起个表率作用。老丈人周奎年岁虽大了些，可对自己的银子一点也不含糊：你皇上都不出钱，哪里又该我们这些当臣子的出呢？只是这话他不敢说出口，而是一个劲哭穷，声称即使勒紧裤带也只能捐一万两。崇祯认为一万两委实太少，至少得两万两才够意思。周奎不敢讨价还价，暗地里进宫向女儿求援，于是周皇后背着崇祯给了他5000两，可就是这本身出自崇祯内帑的5000两，周奎也只捐了3000两，余下的2000两反成了他的外快。

其他后台不如周奎那么硬的大臣，尽管个个富可敌国，却纷纷装穷，甚至在自家的大门上贴出"此房急售"的字条，表示他们家里已经穷得只能卖房子度日了。魏藻德出任多年首辅，身居一人之下万人之上的高位，他知道一分钱不出肯定说不过去，于是含着眼泪捐了500两了事。

总之，自天子到大臣的集体哭穷，这是大明王朝上演的最后一幕闹剧，闹剧的导演就是天子崇祯。其情其景，相当于一家有限公司突然遇到经济危机，董事长崇祯私人有钱，可他不愿拿出来，而是要求员工勒紧裤带为公司募捐，而这些被董事长软硬兼施的员工最好的对付手段就是哭穷："董事长啊，我们家里已经穷得一天只吃两餐稀饭，老鼠都饿得直咬自己的尾巴了，我虽然爱公司，可我无能为力啊。"

与此相对比的是另一桩耐人寻味的事：李自成围攻京师时，住在彰义门外的一个六十多岁的老汉，把平生的全部积蓄——白银 400 余两——全部捐献给朝廷，充作军饷。这位可怜的老人从户部捐款出来时，耳畔响着轰隆隆的炮声，那是围城的李自成部队在攻城。老人站在街上，忍不住号啕大哭。崇祯听说此事后，下令封老人为锦衣千户。然而，这个慷慨赴国难的老人的锦衣千户只当了一天——次日崇祯即自尽于煤山，大明江山宣告易主。

李自成攻占京师后，从崇祯宫内搜出的白银就有 3700 多万两，黄金和其他珠宝还不在内。是否该为了节省 100 万而丢掉 3700 万，乃至无法估价的万里江山，这本是一笔再简单不过的账，可自幼聪明好学的崇祯到死也没有算清楚。

至于崇祯的老岳父周奎，他的下场果如徐太监所言：一个月前周奎多捐一文也肉痛的家财，一个月后都在夹棍威胁下送进了农民军大营，从周家抄出的现银就多达 53 万两。

魏藻德的结局更惨，他被铁匠刘宗敏抓走，几十年来搜刮的财产成了民军的战利品。他本人的脑袋被夹棍夹破，在极度痛苦中哀号而死，其子也被砍作两段。总之，在明帝国这只病入膏肓的恐龙彻底倒下之前，这些寄生于恐龙体内的寄生虫以集体哭穷的方式走向了万劫不复的末路。

这场哭穷运动让人想起一则寓言：几只猴子共同抬一块石头，其中一只猴子想，即使我不用力，他们也会抬走的，于是他悄悄松了手。没成想，其他几只猴子也如是想。后果可想而知：石头掉下来，砸伤了所有的猴子。

这个故事说明：

第一，当官员们斗富夸强时，社会肯定变态；当官员们哭穷装傻时，社会肯定更变态。

第二，国难临头时，挺身而出的往往不是肉食者，而是那些原本与国家和政治离得极其遥远的引车卖浆者流。

替罪羊
是怎样
死的

　　《圣经》说，有一天，心血来潮的上帝为了考验他的选民亚伯拉罕是否对他彻底忠诚，就要求亚伯拉罕带上他的独子以撒来到一座山上，把以撒杀死后献祭。对上帝无限忠诚的亚伯拉罕果然眉头都没皱就开始动手，要杀死他可怜的儿子。这时，天使扑打着翅膀飞来了，她向亚伯拉罕传达了上帝的旨意：你对我是真正忠诚的，你不用杀你的儿子了。那边的树林里有一头羊，你可以用它来代替你的儿子作为祭品。

　　那头倒霉的羊原本在树林里好好地吃青草谈恋爱，一不小心就代替以撒走上了祭坛，真是世界上一等的冤大头。后来，人们就用替罪羊来代指那些代人受过的倒霉蛋。

晚明数十年，为圣上、朝廷或是达人们充当替罪羊的家伙数不胜数，而曾官至兵部尚书，也就是主管国防的最高官员的陈新甲则是比较有名的一个。——一个人被历史记住，不是他的功绩，也不是他的罪过，既不是流芳千古，也不是遗臭万年，而是当替罪羊出名，这种名哪怕放在出名要趁早的今天，恐怕也没人想出吧。

　　陈新甲是四川长寿（今属重庆）人，万历年间中举，出任定州知州——没有考中进士而做官，明朝时称为乙榜出身。在重进士的大环境下，以举人而进入仕途，一般来说，不仅为进士出身的绝大多数官员所轻视，本人也很难得到升迁。

　　"以才能著"的陈新甲是个例外。他出身虽低，进步却很快，在和农民军及崛起于东北的后金军多年征战中，他很快就从知州升任刑部员外郎，不久又升任右佥都御史，继而则是兵部尚书，整个过程陈新甲只用了 12 年时间。《明史》认为，陈新甲"雅有才，晓边事"，这是他的长处，也是他能得到升迁的重要原因。终明一世，以举人出身而官至尚书的，只有陈新甲和弘治时代的工部尚书贾俊两人而已。顺便说，曾出任过巡抚的大清官海瑞，他的出身也和陈新甲一样，仅仅是举人。陈新甲的升迁说明，即便在国是日非的晚明，真正有才干的官员还是能得到正常的升迁，黑暗和腐败还没有完全一边倒。

大凡有才的人往往都会因自负其才而毛病在身，比如同样是边才的袁崇焕和熊廷弼，一个好为大言，一个为人傲慢。陈新甲的毛病比这两位更甚。他不仅结交宫中太监，本人也做不到清廉。他的这些毛病，言官们纷纷上疏攻诘。按明朝惯例，一个高级官员受到言官批评，理应主动提出辞职。但陈新甲的辞呈没被崇祯批准，这倒不是崇祯认为陈新甲真的清白，而是正当国家用人之际，即便是有道德洁癖而对陈新甲的两大毛病深恶痛绝的崇祯，也只能引而不发。很可能，正是崇祯的引而不发误导了陈新甲，他才在后来的塘报事件中自以为是。

崇祯时期大明帝国最大的苦恼在于，必须在兵力和财力都捉襟见肘的情况下，在关内和关外同时用兵——关内要对付已成燎原之势的农民军，关外要对付日益坐大的满洲。陈新甲出任兵部尚书次年，崇祯左拼右凑了近十万正规军，由洪承畴统率出关，企图一劳永逸地解决东北问题。但是，这一企图很快化为泡影：明军被击溃，洪承畴退守孤城松山。面对如此棘手的局势，陈新甲和内阁辅臣谢升想到了与清军议和——不论是从当时还是从现在的角度看，与清军议和，走攘外必先安内之路，无疑是明朝最可行的办法之一。这也说明，陈新甲并非平庸之辈。

关于议和，尽管在臣民面前表现得慷慨激昂，好像要誓死抗战到底的崇祯，也不禁心动。他指示陈新甲说："可款则款，不妨便宜行事。"陈新甲以为得到了崇祯口谕，就开始着手令人与满洲方面协商议和之事。当时，明朝上下知道此事的人除了崇祯和陈新甲，还有辅臣周延儒和谢升等少数几个人。其中，周延儒为首辅，也就是辅臣们的领班，有实无名的首相。当崇祯就此事征询他的意见时，这个老奸巨猾的官僚始终一言不发。

周之所以不肯表态，并非他不赞成议和，而是怕此事一旦泄密，必将成为整日里叫嚣夷夏不两立的文官们的靶子。所谓夷夏不两立，乃是历代汉族王朝的书呆子和愤青们一脉相承的忠君情结：即堂堂天朝，和被称为夷的异族政权之间，只能是宗主和藩属的关系，根本就没有平等对话的必要。

事实证明，陈新甲的自我保护能力的确要低于周延儒。低于周延儒的原因，不是他的智商低，而是他相信了崇祯的表态，却至死也没弄明白：帝王的表态也许是人世间最不靠谱的承诺，因为最终解释权在他那儿，他完全可能根据不同时期的不同需要翻手为云，覆手为雨。

就在双方协商期间，松山陷落，洪承畴被俘并降清。其间，身为大学士的谢升一时口误，不慎向外宣称"皇上意在主和"。为此，他遭到了言官们的强烈攻击，崇祯只好把他罢官，并以此再三告诫陈新甲：和谈之事一定要谨慎，千万不能泄密。谁知，这天大的秘密不仅捅出去了，而且捅得十分彻底。

陈新甲派到关外与清军议和的特派员马绍愉，把清军的要价写信送到陈新甲府上，陈新甲阅罢，随手放在办公桌上。他家的仆人不知道这是天大的机密，以为只是普通的塘报，就向外发出去了——所谓塘报，就是各地官员送到京城的情况汇报，由兵部下属的车驾司负责汇总并发给各级官员，略相似于今天的政报。于是，这大明帝国的第一号机密，竟然被传抄得天下皆知。一石击起千层浪，一时间，举国哗然，言官们一个个争相上疏，义愤填膺地要求对这种大大有损天朝尊严的事情做出解释，并严惩陈新甲。

陈新甲最终成为替罪羊，其根子在于，他对崇祯的个人品格过于相信。他以为，自己所做的这一切都得到了圣上的许可，圣上亲口对他说过"可款则款，不妨便宜行事"的话，言官们再厉害，总不可能把圣上揪下台吧？于是，他有恃无恐地写了申辩书，讲述了和清军议和的始末，并在文章中多次引用上谕——也就是崇祯的最高指示。

然而，这样做无疑把崇祯逼到了绝路，崇祯此前才处分过要求与清军议和的谢升和石凤台，其凛然正气表现得活灵活现。现在，陈新甲无疑揭了他的老底，天下吏民都会因陈新甲的辩解而认清圣上的嘴脸：圣上原来是个两面三刀的阴谋家。一向以道德自诩、拥有无限道德优越感的崇祯从此之后如何面对满朝臣工和天下庶民呢？爱面子的崇祯如何咽得下这口气？

崇祯只有一条路可走，那就是杀人灭口。因此，与其说陈新甲是被崇祯所杀，不如说是被自己对崇祯的信任所杀。等到陈新甲在狱中终于弄明白了这个道理，再次向崇祯上书请求宽恕时，为时已晚。他死定了。这只替罪羊的最终结局是弃市——也就是处死之后把尸体扔到大街上任人围观吐唾沫，以儆效尤。

在下达处死陈新甲的旨意前，作为当事人之一的周延儒知道陈新甲只是替罪羊，不免兔死狐悲，他向崇祯求情说："按照国法，敌兵不兵临京城下，就不能处死大司马（兵部尚书）。"然而，崇祯处死陈新甲的理由，既不是拿不上台面的泄密，也不是清兵入境，而是追究早已成为旧事的农民军杀死了朱家七位藩王——崇祯好像选择性失忆：就在福王、襄王死难之时，他亲自提拔了陈新甲。

陈新甲充当替罪羊，不仅是他个人的悲剧，也是大明帝国的悲剧。从此，帝国丧失了最后一次与清军议和的机会。此后，尽管火烧眉毛的崇祯发自内心地希望有大臣提出与清朝议和，但鉴于陈新甲血淋淋的死，谁还敢自寻烦恼？同样，当李自成兵临京师，并表示愿意议和时，爱面子的崇祯希望由首辅魏藻德拍板，但和周延儒一样老谋深算的魏藻德在崇祯一再表示"此议如何？现在事情已经危在旦夕了，你就说句话定了吧"时，竟然默然不答，"鞠躬俯首而已"。

与其说魏藻德不肯为君王分忧，毋宁说自从陈新甲做了替罪羊之后，这个废墟上的老大帝国的君王与大臣之间，已经失去了最基本的信任。这样的帝国还能存在多久，就连白痴也知道。

就陈新甲个人而言，他到死才明白了一个血写的真理：当上司犯错误时，做下属的一定要勇于承担责任，否则绝不会有好果子吃。即便因主动承担责任而遭到处分，那处分也只是暂时的，做给别人看的。民间有个故事说，有一次慈禧召见诸臣时，庄严时刻，不小心放了个又臭又响的屁，高雅的老人家很难堪，就佯怒问："哪个放的屁？"大臣们一愣，明明是你放的，还要问我们？其中一个讲政治的官员急忙跪下请罪："老佛爷恕罪，奴才该死。"——就是这个主动替领导分担放屁之耻的官员，后来官运亨通，一直深得慈禧喜爱。可惜，这个故事发生得比陈新甲当替罪羊晚了两百多年，不然，陈新甲倒是可从中悟出一些做官的奥义。

这个故事说明：

第一，死要面子活遭罪，是民间总结的真理。民间的真理同样适用于帝王：当崇祯硬挺着做出抗清英雄的样子时，大明的陷落就只是时间问题。

第二，不要相信帝王，尤其是危难中的帝王，除非你有一百个身子可供他弃市。

抹布
韩一良的
清廉秀

　　崇祯从他的木匠哥哥天启手里接过的，是一个千疮百孔的烂摊子。面对江河日下的老大帝国，年少气盛的崇祯有点沉不住气，他犯了第一个错误：求治太急。

　　崇祯最不满意的是帝国的吏治——的确，其时大明政府组织早已溃烂：官员贪污风行，腐败成性，政以贿成乃是世人皆知的显规则。对此，崇祯本人也拿不出像样的反腐措施，只好一方面不断责备掌管职官的吏部尚书，一方面不断发表讲话，空洞地提倡文官不爱钱武官不怕死。

　　责备下属不得力和高调空泛地发号召，这几乎是崇祯在位 17 年中最常用的两套手法。可惜，责备下属不得力不仅有推卸责任之嫌，同时也使得君臣关系空前紧张；而空洞的道德说教则既显出圣上济世乏才，也让某些官场投机分子似乎找到了快速升迁的终南捷径。其中，户科给事中韩一良就是一个。

终明一世，作为可以风闻奏事的言官，给事中是个惹人注目的职务。按例，当时的吏户礼兵刑工六部，每部设给事中数人，论级别，他们区区七品。但身为独立的言官，他们却有权弹劾包括首辅在内的文武百官；甚至对皇帝的批示，给事中如果认为有失当之处，也可以封驳。

万历临终前，被托孤的顾命大臣中，除了大学士和几个部长外，兵科给事中杨涟也赫然在列。对给事中的重视，表明了这种体制的创立者希望借此对文武百官进行有效的监督，从而使政权高效、廉洁运转。

然而，定制度的是人，坏制度的也是人。到了晚明时期，本身以监督百官、劝谏皇帝为职责的给事中，竟然被时人讥为"抹布"——抹布者，只要他人干净，不管自身污秽之谓也。自己贪赃枉法之余，还要去指斥别的官员。

晚明时期，固然也出过如杨涟、魏大中这样耿直的科道言官，但更多的却是同流合污的庸常之辈，甚至沦为皇帝或权臣的走狗，秉承主子旨意，叫他咬谁就咬谁。从掌握的史料来看，韩一良属于另一种，那就是把自己包装成直臣，企图通过这种曲线救国的方式来达到一己之私——升官。

山西澄城人韩一良，于崇祯上台那一年出任户科给事中。正当求治心切的崇祯不断发出圣旨，倡导"文臣不爱钱"的标准时，他上了一道奏章，准确地搔到了圣上的痒处——通过察言观色并审时度势来揣测圣上的好恶，以此作进言的前提，言官的准则沦落至此，已然失却了当初设立它的意义。

韩一良在奏章中说：当今世上，干什么事不用钱？哪个官员又不爱钱？做官是花钱买来的，这些官员上任后，为了收回成本当然就得贪污受贿。因此，说到害民，就将这归咎于知府和知县等地方官的不廉洁是不公平的，因为这些人没法廉洁。他们薪水极低，而上司却想方设法要勒索，过往官绅要打秋风，进京一次至少要花三四千两银子，这些钱又不能从天而降，叫他们如何廉洁呢？

韩一良举证说，州县的官员进京，京城的御史和给事中们号称"开市"，把它当作一个捞钱的好机会。他本人两个月以来拒收的赠金就有 500 两。末了，韩一良认为，他淡交尚且如此，其他人就可想而知了。因而他建议，只有严惩少数罪大恶极的贪污受贿者，让大臣们把钱当祸水，才有可能实现廉洁爱民的良性循环。

崇祯对韩一良的说法深以为然，大为欢喜，并专门开了一次现场会。崇祯令韩一良站在大臣面前摇头晃脑地朗读了这一奏章，而后又让大臣们互相传阅。会上，崇祯深情地指出，一良乃忠诚耿直之臣，可以提拔为右佥都御史。

眼看韩一良的清廉秀就要以最低的成本获得最丰厚的回报，老是被崇祯批评的吏部尚书王永光一面连连称善，一面却别有用心地说："韩一良所奏一定是有所指的，请皇上命他挑出其中最严重的贪污受贿者，以便以此为例进行重处。"

这明明是跟韩一良过不去。韩一良本意不过是要在崇祯面前表明他的忠心与干练，岂敢真的举出哪个官员贪污哪个官员受贿呢？他只得支吾着说折中所言俱是风闻，并没有一个准确的事实。这下崇祯不高兴了："难道连一个贪污受贿者都不知道就写了这个奏折吗？限五日内奏明。"

五天后，韩一良只得纠弹了几个已被打倒的死老虎交差。崇祯看出他在打马虎眼，再次取出韩的奏章，亲自朗诵，当崇祯读到文中的精彩部分"此金非从天降，非从地出"时，掩卷长叹，随即厉声追问韩一良："这五百两银子到底是谁送的？"韩一良支吾着推说记不清了。崇祯龙颜大怒，对大学士刘鸿训说："都御史哪里能轻易授给这种人！"此后，韩一良不仅右佥都御史没做成不说，本来担任的户科给事中也被罢免。所谓偷鸡不成反蚀把米，韩一良即如此。

朱元璋在打下万里江山，为他和子孙后代设计帝国机制时，这个阴损刻薄的安徽老农民把官员的工资定得极低。如果官员们都清廉如玉，最终结果只能像大清官海瑞那样，虽然身为朝廷高级官员，死后却连安葬自身遗体的积蓄也没有。显然，让恪尽职守的高级官员都做海瑞，既不现实，也不人道。因而，大明两百多年间，官员的主要收入都在工资之外。

这些灰色收入，有的是多年来形成的惯例，有的当然是贪墨所得。面对这个结构性腐败的帝国，崇祯力图用道德来唤醒官员群体的自觉意识，让他们通过道德的净化，进而自觉做清官。

显然，崇祯把他的官员们的觉悟设定得高了一些。像韩一良这样的官场油子，他洞若观火地窥测到了崇祯内心的好恶，投其所好地搞了一场清廉秀不说，倘若不是王永光给韩一良上烂药，崇祯就要把这个投机政客提拔到高位上。一封数百字的奏章，一番貌似慷慨激昂的清廉表白，就能神奇地实现一个官员火箭般的升迁，与其说韩一良们胸藏机心，不如说崇祯以德治国的企图根本不符合晚明国情。

韩一良事件的结果是，崇祯越来越对帝国的文官系统感到不满，对大臣们的从政能力和品德人格也持怀疑态度。此后，他在用人上总是颇多猜疑，甚至只得自己一个人去干。就像一个勤快的笨蛋总是比一般的笨蛋干出更多不可收拾的蠢事一样，一个自以为是而又事必躬亲的专制君主给这个千疮百孔的帝国造成的伤害，要远远大过一个平庸、惰怠、无所事事的皇帝。

这个故事说明：

第一，同是作秀，古人要比今人更困难，尤其是摊上一个别有用心的同事时更是如此。

第二，做人要厚道，做皇帝也要厚道，太过于咄咄逼人的皇帝，臣工们就会想出其他软办法来忽悠你。

三有干部
李三才

在明朝，一个高官一旦受到言官的批评，为了显示自己的清白无辜，一定会主动向皇帝提出辞呈。李三才最初也是遵照这个游戏规则干的。如果皇帝觉得这个被批评的官员还有利用价值，就会温言相慰，明确表示不同意；反之，就会批准。

奇怪的是，李三才一而再再而三地打辞职报告，可所有的报告送进宫后，都石沉大海——不，石沉大海还会看到几朵浪花，他的报告，连浪花也激不起一朵。李三才的辞职报告一连写了15次，皇帝依然若无其事，充耳不闻。

换了一般官员，很可能就坡下驴，从此不再提辞职的事，继续一心一意当官发财。可李三才是个有脾气的官员，有脾气就像有脚气一样，总是有些与众不同——眼见第十五份辞职报告递上去仍然没反应，他气不打一处来。一气之下，卷铺盖走人。

对此，皇帝仍然没有任何反应。——这个皇帝，就是因不能立自己喜欢的女人的儿子为太子，从而不惜用怠政来与大臣们赌气的万历。

李三才当时的职务是户部尚书，相当于财政主官加民政主官，算是响当当的实权派。万历二年中进士后，李三才从户部主事干起，先后干过河南参议、山西学政、漕运总督和凤阳巡抚（凤阳是朱元璋老家，有明一代，其行政级别相当于省）等职，到万历三十四年（1606），也就是宦海沉浮32年后，李三才终于升至户部尚书。也就是说，为了和万历赌这口气，李三才不惜输掉自己几十年官场修炼才得来的正果。

在晚明官员中，李三才个性鲜明，是个让人印象深刻的三有干部，所谓三有，即有能力，有脾气，有污点。

先说有能力。李三才入仕初年，曾任山东佥事，当地土匪极多，多年来地方官束手无策，只能很大度地和土匪井水不犯河水。李三才到任后，"广设方略，悉擒灭之"。因此功，他很快升任河南参议。在任凤阳巡抚时，其辖地产海盐，万历派出太监出任税使，一边征税，一边搜刮民脂民膏。其中为首的太监叫陈增，自以为口含天宪，根本不把地方官放在眼里，不仅"公行攘夺"，且"数窘辱长吏"，地方官看到他就头痛。一个叫程守训的家伙，投靠到陈增门下，依仗陈增权势，"纵横自恣""刑拷及妇孺"，总之就是当地一个人人侧目的祸害。李三才到任后，一方面，对陈增等宦官，"以气凌之"，上章弹劾；一方面，派人收集程守训的不法证据，查到赃款数十万和一些原本皇家才配使用的器物，进而把程守训等人下狱，使之伏法。在李三才一连诛杀了好几个横行不法之徒后，陈增不得不收敛行径。李三才的行事风格，为他赢得了"雷轰电掣，雨注风飙，令人有不可测者"和"豪杰而有圣贤之资"的评价。

再说有脾气。在古代中国，子民向朝廷上缴的税收，一般是田赋和人头税。万历时期，开始征收一个新税种，即矿税。应该说，帝制时期，征收矿税并不是什么太耸人听闻的事，但万历时期的矿税征收搞得天怒人怨，有两个原因：其一，这笔税收并不是纳入国库，而是充当万历的私房钱；其二，负责征税的不是朝廷官吏，而是万历指派的宫中太监如陈增者流。这些自小被割了生殖器的变态狂一旦有了鱼肉百姓的机会，很少有不无所不用其极的。在明朝高级官员中，李三才最早意识到征收矿税将会带来严重后果。

李三才很自然地就向万历上奏，要求停止这种短视行为。这类奏章，前后一共有十余道之多。一开始，他还像个彬彬有礼的绅士一样，用委婉的言辞给万历苦口婆心地讲道理，可万历根本不理他。后来，李三才急了，他的脾气上来了，那些奏章的火药味便相当浓，相当于指着万历的鼻子痛骂。比如其中一道奏章中，李三才写道："陛下爱珠玉，民亦慕温饱；陛下爱子孙，民亦恋妻孥。奈何陛下欲崇聚财贿，而不使小民享升斗之需；欲绵祚万年，而不使小民适朝夕之乐。自古未有朝廷之政令、天下之情形一至于斯，而可幸无乱者。今阙政猥多，而陛下病源则在溺志货财。"

什么意思呢？就是说，皇上你爱珠玉，小老百姓只想混个温饱。皇上你爱你的子孙，要给他们敛财，可小老百姓也爱他们的妻儿，也想让他们活下去。奈何皇上你为了敛财，断了小老百姓的生路。自古以来政府的政令和国家的局势，没有像今天这样糟糕的，幸好还没有发生大乱子。现在缺德的政策实在太多了，根源就在于皇上你太贪财。

另一封奏章里，骂得还要厉害，翻成白话文就是：皇上你每回征税，都说宫里太穷，你所说的太穷，不过是黄金没有堆满地，珠玉没有垒齐天。你这样乱搞，官员只有请求罢免，百姓只有去死。你为什么还不醒悟还不警惕？你不要认为我说祸乱就要临头的话是危言耸听，若真的到了那般田地，皇上你又能跑到哪里去？李三才这种毫不留情的批评，让人联想起海瑞对嘉靖的斥责：天下人早就鄙视你老人家了。不同的是，嘉靖对海瑞的批评火冒三丈，万历的涵养看来很好，他对李三才的批评采取鸵鸟政策，装作什么也没有发生。

最后说有污点。魏忠贤上台后，对以清流派为主的东林党人大肆清洗，肉体上消灭之，精神上抹黑之。阉党编了个《东林点将录》，以梁山好汉来对应东林党人，排在第一位，相当于梁山带头大哥晁盖的，就是已经去世的李三才，被称为"开山元帅托塔天王南京户部尚书李三才"。究其实，李三才虽然与东林党精神领袖顾宪成关系很铁，可严格说来，他根本不是东林党人。但在阉党看来，凡是与东林党有染，就有历史问题。不过，这里说的李三才有污点，乃是指其经济上不清白。李三才并不以贪墨著称，家境却甚是富有，据说家财价值白银470万两，略相当于天启时期全国一年的财政总收入。尽管李三才的父亲是商人，但也不可能真的赚到这么多银子。李三才至少有巨额财产来源不明的嫌疑。

李三才不得不辞职以示清白，起因是当时内阁缺人，有人向万历建议说，内阁不能老是用那些笔杆子，还是应该从有地方工作经验的官员中选拔，比如李三才就很适合嘛。在这之前，李三才贪污的事情几乎没有言官提出过批评或揭发过，但听说李三才有可能进内阁，言官与非言官一夜之间竟相上奏，指称李三才有十贪五奸之罪。这些声色俱厉的批评者并不是因李三才贪污而义正辞严，而是这个被视作东林巨星的人将高升内阁，与东林党纷争多年的浙党、齐党，当然不能眼睁睁地看着政敌平步青云。在大家都闷声贪污的情况下，没有人会去告发政敌贪污。只有当他们企图阻挡政敌的锦绣前程时，才会铤而走险地剑走偏锋——一旦调查政敌贪污，很可能引火烧到自己。所以贪污虽然是可以重创政敌的杀手锏，但当双方都有贪墨之事时，就相当于双方都拥有原子弹，不到狗急跳墙，谁也不会率先使用。

三有官员李三才的出现在中国历史上不是独有现象，像这种有能力，有脾气，但同时也有污点的官员，史上不乏其人。归根结底，其实，除了极少数既有能力又廉洁的官员外，大多数的官员都可以分为三种类型：有能力会办事，但手脚不干净的；无能力不会办事，但手脚干净的；既无能力也不会办事，同时手脚还不干净的。

这三种官员，到底该重用哪一种呢？明君会用第一种，在利用他的能力的同时，尽量限制他的手脚；有道德洁癖的君主会用第二种，如同女子无才便是德一样，官员不贪便是宝，根本不管他称职与否；昏君会用第三种，因为他的昏，他的庸，注定了他既没有机会也缺乏能力去甄别人才。用这三种君王对照万历，万历哪种都不算，所以，李三才的最终结果只能是愤而辞职。

这个故事说明：

第一，批评皇帝是一次高风险高收入的赌博，既可能因陛下一时之怒而身首异处，也可能因陛下今儿个真高兴不予理睬，在一夜之间暴得大名，荣获仗义执言奖。

第二，末世征兆有很多，其中之一就是皇帝潜伏在宫中享受幸福人生，高级官员却患上分裂症——能力与品格并不同步。

变节者
洪承畴

翻遍了《明史》，也没有洪承畴的传。原来，虽然洪承畴早在万历四十四年（1616）就中了进士，被大明的阳光照耀了大半辈子，但是，关乎他一生功名与气节的事，却是在他做了明朝的变节者和满清的臣子时才干下的。所以，他没进入《明史》，而是进入《清史》。尽管同时代很多比他更年轻的人都进入了《明史》。

1641 年前后的明朝已经千疮百孔，像一个大病缠身的外强中干的巨人，它既要应对内部的农民军，还要分出一只手来对付关外日益强大的清军。这时，崇祯似乎痛下决心，把向来有名将和边才之誉的洪承畴从中原战场调至关外，出任兵部尚书兼右副都御史，总督蓟辽军务，相当于担任国防主官、最高监察机构副职和蓟辽战区总司令三大要职。

按崇祯的部署，洪承畴不仅要解救被清军围困的、由总兵祖大寿驻守的锦州，还要一劳永逸地解决辽东问题。为此，已然捉襟见肘的明朝集结了由 8 位总兵统率的 17 万大军，其中步兵 13 万，骑兵 4 万。其情其景，就好比一个已经输红了眼的赌徒孤注一掷，企图一举翻本。可惜，崇祯又一次输得血本无归。

老成持重的洪承畴以步步为营、且战且守的方式向锦州靠拢，但急于求成的崇祯可以容忍满洲坐大多年，却容忍不了洪承畴的缓兵之计。他一方面下密旨要求洪尽快出战，另一方面派出太监到前线监军。洪承畴无奈，只得令总兵杨国柱率部先行，但甫一行动，即遭清军毁灭性打击——杨本人被击毙，军队溃散。洪承畴不得已，再次准备固守。但这时皇太极已昼夜兼程六日到达锦州，并切断了洪承畴军队的粮道，还挖掘了一道深八尺、宽丈余的壕沟，将明军全部包围。

面对清军的凌厉攻势，明军慌了手脚，洪承畴下令突围，早已做好准备的清军挥师追杀。侥幸逃脱的明军残部，在主帅洪承畴的率领下进入小城松山。清军从四面包抄，松山成为一座内缺粮草、外无救兵的孤城。坚守到第二年春天，这支罗雀掘鼠的军队已经山穷水尽，洪承畴的部下再也无法忍受毫无希望的坐守孤城，他们偷偷联系清军，充当了清军的内应。松山终于被攻占。

自从有了所谓夷夏之防的说法，那些生活在少数民族政权治下或是少数民族政权与汉族政权对峙之下的汉族知识分子，便比其他时代的同行多了一份艰难选择。对晚明士大夫洪承畴来说，当他被同僚和上司目为能吏时，他绝对没想到命运会给他开这么一个残忍的玩笑。

松山城破，洪承畴为清兵所执，他必须面对这一艰难抉择：生还是死？降还是不降？一旦成为"鞑子"的座上宾，就意味着将坠入不为时人和历史所容的贰臣逆子的深渊。对一个生活在三百多年前农耕时代的士大夫来说，这样的选择过于艰难，过于痛苦。但洪承畴别无选择，在选择之间进行选择，是他唯一可行的选择。

在信息传递原始落后的明朝，当松山城破的噩耗传到京师时，举国哗然。稍令崇祯宽慰的是：有消息说主帅洪承畴于城破之际自杀殉国。崇祯既伤心又感动，虽然这个手握重兵的封疆大吏没能如自己所愿彻底干净地解决辽东的后顾之忧，但他毕竟能在关键时刻杀身成仁，和临阵脱逃的王化贞之辈，无疑判若云泥。大是大非面前，他体面地维护了帝国最后的尊严。

为此，崇祯亲自为洪承畴写了一篇祭文，叫作《悼洪经略文》，并向全国发表。此外，他还下令用王侯才有资格享受的祭坛来祭奠洪承畴，而且崇祯本人也要亲自前往寄托哀思——显然，在那个大小官吏皆如同惊弓之鸟的混乱年头，洪承畴殉国的事迹值得大加表彰，以示垂范。然而，令崇祯和大明帝国都非常尴尬和愤怒的是：当崇祯主持的祭奠祭到第九坛时，从辽东加急而来的塘报说，洪承畴没有自杀殉国，而是投降了清朝。

洪承畴不是没有想过自杀殉国，甚至还付诸了行动——城破时，他在官署里打算拔剑自刎，忽然又想给自己留个全尸，于是改为上吊，但还没等他找到上吊用的绳子，蚁群般的清军已冲进官署。

被俘后的洪承畴被紧急押送到当时清朝的首都盛京，即今天的沈阳。与他一同被俘的其他几名高级官员如丘民仰、曹变蛟、王廷臣等被就地处决——现在看来，处死这几名同僚，某种程度上有威吓洪承畴以逼其降的意思。但是，在盛京，洪承畴对前来劝降的满汉官员破口大骂，并绝食求死。皇太极很着急，派出最信任的汉臣范文程前往羁押地做工作。

洪承畴也知道范文程是名臣范仲淹的后人，他对范文程更没好脸色，赤着脚，披着发，指着范文程破口大骂。范文程一点也不着急，任由洪承畴自顾自地骂。等到洪承畴骂得差不多了，范文程也不劝他投降，而是东拉西扯地谈古论今。谈话之间，一个很容易被忽略的细节让范文程心里有了底：一块尘土从屋梁上掉下来，落在了洪承畴的衣服上，洪承畴赶忙伸手把尘土掸掉。范文程见状，很快结束了谈话。这个善于洞察人心的清朝首席汉臣回去告诉皇太极：洪承畴一定会投降的。他的理由是：一个自以为将绝食而死的人，对自己的衣服都这么爱惜，何况是自己的性命呢？

此后的情节就和中国历史上屡次上演的义释俘虏的故事如出一辙：皇太极来到关押洪承畴的房间，很亲切地嘘寒问暖。当时正值关外隆冬时节，皇太极见洪承畴衣服单薄，顺手解下自己身上的大衣披到洪承畴身上："先生你冷不冷呀？"洪承畴的反应，《清史稿》上说："瞠视久，叹曰：'真命世之主也！'乃叩头请降。"

洪承畴降清后，受到皇太极的极大礼遇，这种礼遇甚至引起了皇太极手下那些多年来浴血奋战、所向披靡的将领们的不满——洪承畴不过是一名被我们俘虏的囚犯，皇上为何对他优礼有加？皇太极反问众将领："我们栉风沐雨，究竟是为了什么？"众人回答说："想得到中原呀。"皇太极笑了："比如行路，你们都是瞎子，现在得到一个引路的人，我怎么不快乐，不厚待他呢？"众将领这才心悦诚服，知道他们亲爱的陛下在为夺取中原的万里江山做前期准备。

洪承畴降清后，在皇太极时代基本处于重而不用的状态。到了顺治进军中原，这个"引路的人"终于发挥了极大作用。1644 年，洪承畴随多尔衮征明，军队到了辽河。当甲申之变的消息传到军中，洪承畴敏锐地意识到，入主中原的大好时机业已到来，于是向多尔衮提出了从蓟州、密云近京处，疾行而进，直趋京师的策略。清军入主京师后，洪承畴受命平定江南。数年时间里，他率军南下，消灭了多支农民军和南明军，以及抗清义士组建的义勇军。

洪承畴死于康熙四年（1665），谥号文襄，这是一个文臣能得到的与文正、文忠之类的谥号相比肩的总结。但从洪承畴降清的那一天起，就注定了他将是一个名满天下、谤满天下的是非之人。

有几个关于洪承畴的颇具意味的小故事，从中可以洞见，洪承畴易服剃发，成为清朝的高级官员后，他曾经遭遇过一次又一次的难堪。虽说与肉体的消失相比，这样的难堪或许算不上什么，但对一个饱读圣贤书的士大夫而言，他内心深处所受到的震动和羞愧，仍然是不言而喻的。

故事之一：南明弘光政权派南京兵部右侍郎左懋第出使京师，洪承畴受命前往劝降。左坚决不承认面前这个着清朝官服的人是洪承畴，他说："你一定是鬼！洪督师在松山死节殉国，先帝曾经亲自祭奠他，现在哪里又会冒出个洪督师呢?"洪承畴明白这位老先生是在装糊涂讽刺自己，也只好悻然而去。

故事之二：洪承畴攻下南京后，准备在石头城搞一场法事祭奠阵亡将士。筹备期间，他早年的一个姓金的学生前来求见。金生很谦虚地请教洪承畴，说是他写了些文章，想请老师指点指点。忙于军务的洪承畴哪有时间看这些酸秀才的迂腐文章呢，就推口说自己眼睛不好，看不清楚。金生说："不妨，我念给老师听吧。"说罢，金生就当着众多官员的面大声念起手中的文章。众人一听，大为吃惊——金生念的哪是他写的文章，分明是崇祯写的《悼洪经略文》。

故事之三：顺治四年（1647），天下初平，功成名就的洪承畴奉召回到京师，他派人把老母亲从福建接到京城——洪被俘后降清，崇祯居然没有迁怒于洪的母亲，这是一桩很奇怪的事情。按明朝皇帝的做派，洪的所有家属原本只有死路一条。洪母到京后，一见洪承畴，就举起手中的拐杖往洪头上打去，一边打一边骂："你接我来，是为了让我给你当旗下老婢吗？我今天打死你为天下除害！"面对愤怒的母亲，洪承畴唯有狼狈逃窜。

每个朝代覆亡之际，都少不了两种人：死节的忠臣和变节的叛臣。从几千年中国传统道德和政治伦理来讲，不消说，前者总是倍受时人和后人的赞美，哪怕他们的死节乃是于事无补的枉死；而后者总是注定要受到难以计数的批评和斥骂，哪怕他们的变节最终有利于一个新朝代的开启。

就在明朝刚刚覆亡、反清复明还是一种时尚的奢谈时，一位曾经热心于反清复明事业的大儒就思考过这样的问题：腐败的明朝是所谓的正统，而新兴的清朝是"异族"，那么生逢其间的士大夫，到底是顺应历史潮流成为"异族"的功臣，还是逆历史潮流成为正统的殉葬品？

这个大儒力图将个人为王朝效力和为保存文明效力区分开来。他认为，世事变幻，天道运转，有亡国和亡天下之分。所谓亡国，就是易姓改号，也就是朱家王朝变成了爱新觉罗家的王朝。而亡天下，则是"仁义充塞，而至于率兽食人，人将相食"。士大夫如何在国和天下之间选择，这位大儒认为"是故知保天下，然后知保其国"——士大夫在历史巨变之前，首要选择是为保存文明、文化而努力，接下来才是为王朝效力。

这位大儒就是赫赫有名的大思想家顾炎武。顾炎武进一步指出："保国者，其君其臣肉食者谋之。保天下者，匹夫之贱，与有责焉耳矣。"按这种思路，如果清廷能延续中国的文明，比如儒学、礼仪，那就应该得到老百姓的拥护，为腐败无能的明朝尽忠的事应该只是"其君其臣肉食者谋之"。从另一方面看，为了不"亡天下"，明朝的忠臣似乎应该和清朝合作。

至于明朝忠臣，尤其是有才干的明朝忠臣，他们或许因为对明朝的感情而不愿接受清朝的官职，但他们又困惑于以天下事为己任的理想。如果放弃任官，这些忠臣所坚持的最终的善是什么呢？为了一个不可能挽回的明朝而放弃自己的理想，最终无所事事度过一生吗？大变革之际，他们陷入了深长的迷乱之中。

与他们相反，洪承畴这些人正在积极建设这个国家。历经战乱痛苦不堪的中国在慢慢恢复元气，急需大量人才来完成重建帝国的任务，而明朝最后的孤臣们拒绝参与这一切，这是不是逃避自己治国的责任呢？

然而，不可思议的是，尽管对自己的王朝起到了如此重要的作用，当洪承畴的事迹宣付国史馆立传时，乾隆年间（1736—1795），他却被钦定列入深含贬义的《贰臣传》。

这个故事说明：

第一，变节者的痛苦在于他良知未泯，耻辱尚存。良知与耻辱的顽固存在，乃是其作为知识分子所产生的副作用。是故，不论小知识分子还是大知识分子，只要和知识挂上了钩，就意味着即使充当变节者也不一定功德圆满。从这个意义上讲，无知者无畏，有知者则必有所畏。

第二，简单地用道德和伦理标准去衡量世人世事，既容易陷入非此即彼的二元选择，也容易使人沦为简单空洞的道学家。世事和历史从来不会如此简单，它们有着自身内在的规律和逻辑。

制度的
牺牲

耿如杞以为自己必死无疑，而且，将是被加以莫须有的罪名冤死在暗无天日的诏狱。在他被魏忠贤阉党送进诏狱之前，已经有杨涟、左光斗等人在诏狱中被严刑拷打后含冤死去。耿如杞多年来在京城做官，对诏狱的黑暗和阉党的毒辣素有所闻。不过，他没想到自己竟然还有生还的机会——就像一条案板上的鱼，居然还有从容游进水中的可能。

被捕前，耿如杞任遵化兵备副使。当时，正值阉党集团势焰熏天，全国各地掀起了一轮以魏忠贤为效忠对象的个人崇拜。在喜峰行署，巡抚刘诏悬挂出魏忠贤的巨幅肖像，率领文武官吏向画像行五拜三稽首的大礼，并高呼九千岁。耿如杞看到画像中魏忠贤居然穿戴着帝王专用的冕旒，认为这是严重违反帝国制度的僭越之举。当众人一齐下拜时，他只是很敷衍地作了半个揖就溜之大吉。不想，耿如杞的行为被他的同事告发，魏忠贤大为恼怒——当比耿的级别高得多的一二品大员都在向这个一口娘娘腔的阉党领袖争相谄媚，惟恐不能讨九千岁爷爷欢心时，一个边境地区的四品官员居然敢触逆鳞捋虎须，倘若不重重加以处罚，以后还如何震慑天下呢？于是乎，从京城派出的缇骑，立马将耿如杞拿下下诏狱。

耿如杞是万历四十四年进士，曾先后担任过户部主事和兵部职方郎中。在众多中级官员中，耿如杞的敬业与勤恳都相当出色。他在兵部任职时，一天之内要处理数十件大大小小的公事。后来从京城下派地方，先任陕西参议，后任遵化兵备副使。

这样一个称职的官员，说抓进大牢就抓进大牢，在承平时代，几乎是不可想象的事情。但不幸的是，耿如杞生在了一个比黎明时分还黑暗的乱世。阉党不仅要把他打进大牢，还一定要置他于死地。他们给耿如杞捏造的罪名是贪污，并且给出了一个很具体，因而也很容易让不明真相的群众认为是事实的数字：6300两。

古往今来的历史一再向我们证明：哪怕执政当权者及其家族就是天底下最大胆最厚颜的贪官，他们仍然会把反贪作为攻无不克战无不胜的打击政敌和一切胆敢向他们叫板的力量的利器。

与耿如杞几乎同时下诏狱的是另一个级别和他相当的官员，此人叫胡士容。胡士容获罪的缘由，和耿如杞差不多：胡先是多次得罪了阉党的核心人物崔呈秀，后来全国都在为魏忠贤大修生祠时，胡士容却坚不奉命。阉党给胡士容捏造的罪名是"多乘驿马，侵盗仓储"，其"赃款"比耿如杞还多些——7000两。

这两位相对正直的地方官员就这样被剥下官服，戴上死囚的枷锁，投进了令时人闻之色变的诏狱。与三法司的监狱相比，以皇帝诏令或矫诏而设的诏狱就是典型的黑牢。如果说三法司的监狱还有阳光照得进去的机会，那么诏狱就是深藏的地狱。能够从诏狱里全身而出的人，简直比被雷电击中的概率还要小。

不承想，这样的小概率事件被耿如杞撞大运般地撞上了——以至于后人读史，都该为他庆幸。按明朝法律，死刑犯一般都在秋后行刑。当耿如杞还在黑牢里绝望地等待死神的召唤时，天启暴亡，崇祯即位，而诏狱的操纵者魏忠贤和崔呈秀等人均被处死或自杀。崇祯早就听说过耿如杞和胡士容的冤案，亲自批示给耿如杞平反，官复原职，至于胡士容，也实行改判。

按常理，在耿如杞心中，亲手给自己平反昭雪的新天子崇祯，一定有如再生父母；做臣子的，对明君恩典的回报，就是为他鞠躬尽瘁。更何况，耿如杞正值年富力强的中年，仕途上还大有上升空间。

意外的是，对官复原职的委任，耿如杞上疏予以坚辞。他说："我自从被捕入狱以来，遭受了各种可怕的刑讯。缚赴市曹的同牢囚犯，天天都有。幸得皇上赦我以不死，我才惊魂方定，希望把我放回老家养病吧。"

但是，崇祯大约既同情耿如杞的遭遇，同时也对他的才能有所期待，不同意他辞官，反而提拔为右佥都御史和山西巡抚。

当时，山西边境上的蒙古察哈尔部常入侵为患，朝廷却战款无定策。——其实，明末自崇祯以下的决策者们不仅对边患如此，对内乱亦如此，总是在战与款之间不知所措。忽而坚决剿灭，忽而耐心羁縻，结果就像一头驴子往往在两堆干草之间饿死一样，大明的根基也就在剿和抚两条道路的摇摆之间土崩瓦解。到任后，耿如杞大力修筑关塞，整治战垒，打通要道，从此察哈尔部的入侵便渐渐平息。如此可见，耿如杞没有辜负崇祯的热望。

崇祯二年，羽翼已丰的后金军绕过袁崇焕防区，间道内蒙古，由喜峰口入长城，这是后金军队的第一次入塞。是时，后金兵抵达京师城下，举国震动，耿如杞闻讯，立即率5000人勤王。就是这次旨在为主上分忧的勤王行动，点中了耿如杞的死穴。

耿如杞率军到达京师后，兵部先是令他守卫通州；刚到通州，又令他调防昌平；刚调到昌平，次日又命他驻防良乡。也就是说，兵部让这支积极拱卫首都的部队，3天里更换了3个驻防之地。按明朝制度，一支军队到达指定驻防地后，必须等上第二天才能配给粮草。这支军队由于不断变换驻防地点，没在任何一个地方待足两天，政府因而不给一文钱一颗粮。饥饿而愤怒的士兵只好用抢劫的办法弄口饭吃。

朝廷查办耿如杞和张鸿功手下抢粮的士兵，于是，几乎可以预料的事情发生了：士兵们不再听从统帅的指挥，他们一夜之间哗变，纷纷逃回家乡山西。这支5000人的队伍从此成为山西民变的星星之火。

曾经夸下海口，要在五年内解决辽东问题的袁崇焕，竟然让后金军队打到了天子眼皮子底下，这已令崇祯愤怒且伤心了。而在这节骨眼儿上，耿如杞的军队又在皇城根下哗变为贼，崇祯更加气不打一处来：他当即把耿如杞及其手下总兵张鸿功逮捕下狱——这时距耿如杞出狱，还不到两年。

明朝历代天子中，崇祯最大的特点是刚愎自用。一旦惹得刚愎自用的君王勃然大怒，臣子的前景就不太美妙了：耿如杞在监狱里关了将近两年，可怜他虽然此前和兵部尚书张鹤鸣有不错的交情，但面对恩威难测的崇祯，张鹤鸣这样的高官也只求自保，不敢在崇祯面前为他求情。崇祯四年，耿如杞的关押到了尽头：他被押往西市，处以死刑。

就像李斯被押赴刑场时，曾经感慨万千地对他的儿子说的"我现在想和你一起牵了黄狗，到东门外去打猎，难道还有可能吗"一样，走向刑场的耿如杞最后悔的事情一定是当年为什么没有坚持辞官归隐。即使不辞官，也不该接到勤王的圣旨后，就急三火四地带兵赶往京师。哪怕是虚张声势地做做样子，其实也是可以忽悠过去的，怨只怨自己做事为什么这么认真。

《明史》作者认为，耿如杞在兵部任职时，和主事鹿善继、尚书张鹤鸣结成死党，而张鹤鸣与熊廷弼不和。在熊廷弼任辽东经略时，辽东巡抚王化贞与熊尿不到一个壶里，互相拆台，而耿如杞则因张鹤鸣的关系，总是支持王化贞而反对熊廷弼。是故，作者认为，辽东局面的不可收拾，耿如杞要负相当大的责任，而崇祯怒杀耿如杞，就是这个缘故。

但《明史》作者的解释站不住脚：支持王化贞与熊廷弼唱对台戏的总后台，其实不是张鹤鸣，更非级别低微的耿如杞，而是首辅叶向高。叶向高和张鹤鸣都没事，一个小小的耿如杞更不可能对此事负责。所以，耿如杞事实上是制度的牺牲品。这制度，就是在明朝施行多年的军队到达驻防地点必须等到第二天，地方才供给粮草。

当年制定这一制度，或许有它的严密性和必要性，但随着时势的变迁，再拘泥于两百年前的旧制度，纯属刻舟求剑。所以，僵化制度的最大功用就是把认真做事并勇于负责的官员从蚂蚁一样众多的昏官庸官中挑选出来，并予以无情淘汰。这种制度之下，不求有功、但求无过便成了当官的首要秘诀。

这个故事说明：

第一，在僵化的制度下做事，如同用上了膛的左轮手枪对准太阳穴扣动扳机，即使你能活下来，也只能说明你命大福大，而不能说明这种举动很安全。

第二，一般而言，制定游戏规则的老板，从不会主动检讨规则是否公平与公正，他最大的兴趣是用这规则去考核员工，并从中找出一两个倒霉蛋施以惩罚，以此证明规则的严肃与自己的明察秋毫。因而，每一条非人性的规则之后，必然立着一个刻薄自负的老板。

出位是一桩
冒险的
大买卖

　　1673 年，姜埰在杏花春雨的江南苏州去世。此时，已是大清康熙十二年，天崩地坼的甲申之变已经过去近三十年。

　　临终前，姜埰把他的两个儿子唤到病榻前吩咐说："我奉先帝圣旨，发配宣州，但一直没有成行，我死之后，你们要把我送到宣州，埋在敬亭山下。"他的两个儿子果然如他所说，把他那把老骨头埋在了远离苏州的宣州敬亭山。

　　姜埰如此举动，表面看，似乎是不忘先帝——连先帝和他的帝国都灰飞烟灭了，可我还谨守他当年对我的处罚，生前没有兑现，死后也要恶补。我难道不是大明朝肝脑涂地的忠臣吗？可联系到事情的前因后果，我们却更能得出另一种结论：姜埰此举一是在和早已化为腐骨的崇祯赌气；二是在作秀，秀给时人看，更秀给后人看。

事情得从几十年前说起。姜埰字如农，山东莱阳人，崇祯四年进士，当过密云和仪真知县，后来调入京师，任礼部主事。十五年（1642），迁礼科给事中。给事中是言官，可以风闻奏事，拥有批评包括首辅在内的高级官员的权力，级别却很低，仅区区七品。在按部就班升职的官员队伍中，一个给事中要想升迁到尚书或是内阁大学士，简直比登天还难——除非你有其他办法迅速出位，得到皇上青睐，从而破格提拔。

像那个年头学而优则仕的大多数官员一样，姜埰也醉心功名，渴望进步。而且，他想通过出位的办法来更快地进步。漫长的地方官时期，姜埰没有出过位，一来没有出位的机会，二来即便出了位，也很难上达天听。而给事中这种京官，一言一行，都会很快传到圣上那里，因此，也就具备了出位的前提。这样，在做京官那几年，姜埰的主要业绩就是干了两桩力图出位的事，一件干成了，一件干砸了。

第一次出位，是为了阻挡另一个已经成功出位的猛人。这个猛人叫陈启新，是山阳县的一个武举人。在以进士出身为正途的明代，武举出身要想在官场出人头地，几乎是外公死儿——没舅（救）了。要知道，整个明朝两百余年间，以举人身份而混到了三品大员以上级别的，一共也才几个人，而且都是文举人。这武举人，在重文轻武的时代，更是等而下之。

但陈启新也是个聪明的主：既然因出身关系在官场上正常升迁此路不通，那就通过另外的办法剑走偏锋吧。陈启新给崇祯上书，批评说天下有三大病——他所谓的三大病，其实都是批评朝廷在任用官员时，偏重于官员是否出身于进士正途，而不管其是否真正有能力。这封奏章写好之后，他就捧着它在正阳门外跪了三天，终于引起了崇祯的重视。崇祯认为陈启新的奏章很有道理，立即封其为吏科给事中，旋即又改任兵科给事中。

陈启新像个空降兵一样，特立独行地空降到官场，且其赖以晋升的奏章，又是批评正途出身的进士，这自然就像捅了马蜂窝，引发了绝大多数进士出身的京官们的强烈不满。有人在崇祯面前揭发，说他出身贱役，有辱官声，但崇祯不予理睬。御史王聚奎批评陈启新名不副实，多有渎职，这一说法惹得崇祯大为恼怒，把王聚奎交给佥都御史李先春处分，后来认为李先春的处分太轻，将两人一起免职。

崇祯对陈启新的袒护，其实并不表明他真的喜欢这个夸夸其谈的通过举石锁舞大刀获得举人资格的官员，而是在维护自己的声誉——如果陈启新真的像这些不识时务的官员们批评的那样不称职，那提拔起用他的伯乐不就是脑袋被门夹了吗？这个伯乐，正是他崇祯呀。

事情到了这一步，看来要再批评陈启新，恐怕就是自寻烦恼了。可姜埰的过人之处就在于，他看出这正是自己出位的好机会。他紧接着上书指责陈启新，不是说他没能力，而是说他不忠不孝，大奸大诈——当时，陈启新刚因母亲去世而回乡丁忧。姜埰的高明之处就在于，他不和崇祯理论陈启新称职与否，而是揭发他道德品质有问题。这样，一来可以避免涉嫌批评崇祯识人的眼力；二来，他知道崇祯是个有道德洁癖的人，从道德上去攻击政敌，一下子就拿准了命门。果然，崇祯听从了姜埰的建议，免去了陈启新的职务，并下旨追查他的其他过失。陈启新害怕了，当即脚底抹油，溜进江湖的浊水中不见了。

姜埰的这次出位，只得到了崇祯的口头表扬，并没有升官之类的实际封赏。姜埰得意之余，未免有些遗憾，当然也就暗地里下了决心，要找着机会，再来一次出位。

这机会终于又被他逮住了。话说温体仁和薛国观出任首辅期间，两人都以压制言路、排斥异己著称。等到和东林党走得近的周延儒拜相，他听从东林党人的建议，一反温、薛做派，广开言路，欢迎官员和百姓批评朝政。一时间，到处都是参政议政、咸与维新的声音。但周延儒的这种做法遭到了他的政敌们的嫉恨，这些政敌于是散布了一个传言，传言列了二十四个高级官员，分别加以各种带有贬义的绰号，称为二十四节气。这传言流传甚广，连崇祯也听到了。崇祯一向反对官员们拉帮结派——尽管他在任时期，拉帮结派简直就是官员们的必修课。他下旨严厉批评大臣，对言官的批评尤甚。

姜埰错误地以为出位的时机又来了：如果这时候敢于站出来反批评，指出皇上的不是，那一旦成功的话，上者立即升迁有望，下者也会赢得仗义执言的名声。

于是，姜埰对崇祯的批评反驳说："皇上对言官最为看重，批评也就最严厉。但像您的最高指示中批评言官们'代人出脱'，臣不敢说绝对没有这种事情，但大多数言官并非如此。皇上是听到了什么闲话才这样说的吧？最近'二十四节气'的流言蜚语甚嚣尘上，一定是掌握权力的奸臣痛恨言官对他们不利，故意造谣中伤，企图用夸大其词的说法，激发皇上的怒气，并且利用皇上的怒气来钳制言官之口。皇上如果不能识破他们的阴谋，那么今后言官都不敢讲话了，谁来为陛下议论天下大事？"

当是时，崇祯正为天下事糜烂不可收拾而心情烦恼，所下圣旨充满哀痛之词，他希望通过这种方式来使君臣同心，共赴时艰。没想到姜埰如此捕风捉影地怀疑自己，本来就郁闷至极的崇祯顿时火冒三丈。姜埰的位倒是出了，可出位的结果不是升官发财，而是被关进锦衣卫监狱。

和姜埰一同下狱的还有因批评周延儒而获罪的熊开元，也是个和姜埰级别差不多的小京官。崇祯一生最痛恨的就是臣子们的猜疑——自己一片尧舜之心可昭日月，臣子们不能体悟倒也罢了，反而捕风捉影地胡说八道，是可忍孰不可忍？

于是，崇祯给锦衣卫指挥骆养性下密旨，要他暗中把姜、熊二人弄死。——按我们的理解，崇祯既是一国之君，他要处死谁，正大光明地下诏不就行了吗？但事实上，由于有一个文官系统和一套祖制在那儿起作用，除非崇祯铁了心要当昏君或暴君，否则他就不可能正大光明下旨处死这两个因言获罪的小臣，而是只能在黑牢里让他们"意外"身故。

骆养性不敢执行崇祯的命令，他怕这种见不得天的密旨保不住自己的脑袋。这样，两人侥幸不死。但没被处死不等于就万事大吉了，伤了自尊心的皇帝有化悲痛为廷杖的力量——崇祯下令将姜、熊二人押至午门，一人廷杖一百棍。这多达一百棍的廷杖，摆明了是崇祯要让二人立毙杖下。

行刑完毕，姜埰已经气若游丝，他的弟弟姜垓一口口地含着人尿灌进他的嘴里，他才又气息悠悠地活了过来。此后，姜埰被关进刑部监狱，第二年秋天碰上瘟疫，圣上下令释放狱中所系囚犯，姜埰也被放了出来。没想到，崇祯却找刑部尚书谈话，责问他为何放了姜埰。刑部尚书大为恐惧，只得又把姜垓关进狱中。甲申年二月，当京师已沦为一座危在旦夕的孤城时，姜垓终于被放了出来。但崇祯还是给了他另一个处分：发配宣州。正当姜垓准备前往宣州戍所时，李自成攻陷京师，崇祯上吊，大明灭亡。

清军入关，横扫中国，在姜垓的老家莱阳，他一家就有20口人被清军杀害。福王践祚，下旨召姜垓，但经此巨变的姜垓心灰意冷，他婉拒诏命，隐居苏州。他居住的那座院落，如今是苏州一座小有名气的园林：艺圃。

姜垓和清廷有着深重的国恨家仇，但他仍然在新王朝的太阳下生活了30多年。人不仅是命运的奴隶，同样也是时代的奴隶。晚年的姜垓独坐艺圃深处时，当他回首早年的种种遭逢，最不能释怀的，似乎并非清军的入关与屠杀，而是那位面目已经模糊的先帝。

这个故事说明：

第一，忠实执行遗诏的人，除了孝子贤孙，可能还有赌气作秀的臣子，他在借死者的酒杯浇自己的块垒。

第二，皇帝的悲痛一旦化为力量，臣子的屁股就会有不体面的遭遇。

一个经验主义者
的非正常
死亡

　　要是能预知以后的命运，熊文灿一定恨不得在说出那番话之前，用针把自己的嘴巴缝起来；或者，哪怕夹一坨牛粪塞进嘴里，也要压抑住说话的冲动。可惜，这世间没有人能够未卜先知。所以，熊文灿就因酒桌上一句原本意图彰显自己忠君爱国且干练多才的话，把自个儿送上了刑场。

　　像绝大多数晚明官员一样，熊文灿也是通过科举进入仕途的。关于他的籍贯，历史上存在两种说法，权威的《明史》认为他是贵州人，一些地方史料则认为他是四川人。其实两种说法都对，熊文灿的家乡永宁卫，在明朝时归贵州管辖，入清后则属于四川叙永。

　　叙永一带是我的旧游之地，其地处乌蒙山余脉，交通闭塞，物产匮乏。几百年前，出现一个像熊文灿这种完全起自草根的高级官员，既说明晚明时虽然荆棘丛生，政以贿成，但帝国选择人才的机制还基本运转正常；同时也说明熊文灿确有过人之处，才能在几十年的宦海沉浮中，从一个名不见经传的黄州推官，一直升迁到兵部尚书兼右副都御史。

熊文灿最大的政绩出在其就任福建左布政使期间。众所周知，明朝是一个内敛自守的王朝，从朱元璋时代起，就执行了严格的海禁。可是，福建面山负海，拥有曲折漫长的海岸线，自唐代以来就是中国与南洋和东洋各国的商品集散地，这种得天独厚的地理条件决定了这里的人民将通过远洋贸易找饭辙。因而，尽管大明帝国的海禁政策堪称严密，但福建民间的海上走私仍然不绝如缕。海上走私发展的极端形态，就是从武装走私演变为纵横海上的海盗集团——顺便说，困扰了大明帝国多年的倭寇之患，究其实质，并不是日本浪人要和朱家天子争夺皇位，而是少数日本人与明朝百姓相互勾结进行海上武装走私。

熊文灿到福建履新时，正是海盗最为猖獗之际，史称"海上故多剧盗，袁进、李忠既降，杨六、杨七及郑芝龙继起"。当时，总兵俞咨皋负责清剿，根本不见成效，反而屡屡败绩。熊文灿比他的同僚更快得到升迁和重用，就在于他能在错综复杂的敌我关系中，发现可供利用的蛛丝马迹：势力最为强大的海盗集团首推郑芝龙组建的船队，他是郑成功的父亲。

但在和官军的战事中，郑芝龙的表现很有些反常：他打败了都司洪先春，却不乘胜追击；抓获官军一个游击，也没有像其他海盗那样杀掉；击溃了俞咨皋，却"纵之走"。熊文灿从这些反常迹象中得出一个结论：郑芝龙并不想真正和政府作对，他只是在用打败官军的方式来显示自己的力量，以便接受招安时获得更大的话语权。

为此，熊文灿立即向郑芝龙抛出橄榄枝，郑芝龙果然接受招安，从令人谈虎色变的海盗摇身一变成了青天大老爷。对熊文灿的知遇之恩，江湖好汉郑芝龙给予了丰厚回报：他击败了曾经和他一起作案分赃的绿林同伙，"闽中屡平巨寇，皆芝龙力"。熊文灿因而受到了朝廷嘉奖。

不久，熊文灿被提拔为兵部右侍郎，按明朝惯例，这个职务其实是他作为地方大员的加官，他的具体工作岗位是总督两广军务，兼巡抚广东。

在广东和福建交界海面，活跃着另一个有名的海盗，此人即与郑芝龙齐名的刘香。刘香不满足于海上走私，还多次派兵侵入沿海州县，崇祯责令熊文灿尽快剿灭。熊文灿自度用兵不能取胜，不由想起招安郑芝龙的老法子，旋即派人向刘香议招抚。刘香假意应允，当熊文灿派出三名官员代表朝廷到其船上宣布朝廷旨意时，却被扣作人质。

熊文灿深知，事情至此，招安算是失败了，而三名官员被扣押，自己负有不可推卸的领导责任。不过，瞒上欺下向来是帝国官员尤其是高级官员最为擅长的手段，熊文灿向崇祯报告说，那三名官员都是他们自己轻信海盗，自作主张跑去招安才被人家扣作人质的。

明朝的体制有千种万种不对劲，但有一种却是相当对劲的，那就是言官们有风闻奏事的权力。他们不但有这权力，而且一般来说，也真的敢直言不讳。——由于给事中朱国栋向崇祯揭发，熊文灿受到降级处分。

那三个倒霉的官员在海盗手里一直被扣押了三年之久。此事最后还是靠郑芝龙给熊文灿解了围：崇祯八年，郑芝龙把刘香包了饺子，刘香势尽自焚而死，余党皆接受招抚。自此，为患多年的东南沿海海盗总算是基本涤荡一清。可以说，如果没有郑芝龙的归降，熊文灿不可能建此奇功。

不论福建还是广东，都因濒临大海而与海外有诸多勾连，其地便远比水旱相续、民变纷起的中原地区更为富庶。在这种富庶地区做封疆大吏，尽管熊文灿在晚明高级官员中并不以爱财好货著称，却也赚得盆满钵满，"积资无算"。熊文灿是个聪明人，他爱两广的富庶，怕被调往中原，充当镇压农民军的灭火队长。因此，他"厚以珍宝结中外权要"，其目的就是久镇岭南。

然而，就在他向朝廷报告平息刘香之乱之后，一向对大臣充满疑心的崇祯派太监到广东出差，名义上是采办货物，实际上一是调查刘香到底死没死，二是考察熊文灿的能力。对皇上身边的人，熊文灿在接待上不敢有半点含糊，他向太监塞了丰厚的红包，还留在衙中，连日饮酒。谁知，就是酒局上的一番大话，让熊文灿后来肠子都悔青了。

太监得了熊文灿的好处，和熊文灿快快活活地饮酒。酒局上，太监向熊文灿说起朝廷对中原农民军无可奈何的窘境，熊文灿大概多喝了几口，拍案而起："那都是负责的官员无能误国。如果是我熊某的话，哪里会让鼠辈这样猖獗。"

这种酒后拍胸脯的大话，原本是不经过脑子的，其意不过是向太监表明自己有为国为君分忧的忠心与能力。一般情况下，太监顺着熊文灿的话，锦上添花地吹捧几句，再举杯互敬，就皆大欢喜了。

谁知，听了熊文灿的话，太监一下子站了起来，说："我并非到两广来采办货物的，我是领了皇上的旨意前来考察你，看来你确实有当世之才，办理剿贼事务，非你不可。"估计这时候熊文灿恨不得给自己两巴掌，好不容易才有了久镇岭南、在远离动乱近靠银子的风水宝地闷声发大财的机会，眼看着就要飞了。他急忙改口说："其实即便我去，也有诸多困难和不可行之处。"太监的回答是："我见了皇上会给他汇报的，如果皇上答应你这些条件，你就不得推辞了。"事已至此，熊文灿只得打落牙齿往肚里吞了。

此后，熊文灿果然被调往内地，升任兵部尚书兼右副都御史，负责南直隶、河南、山西、陕西、湖广和四川军务。当熊文灿行次庐山时，拜访了和他有深交的和尚空隐。看来，空隐是个比熊文灿更深明局势的明白人——一个被朝廷认为是干才的重臣，其识见还不如一个遁入空门的和尚，这也是晚明诸多怪事中的又一桩吧。

空隐一见熊文灿，就称"公误矣"。熊问其故，空隐问他："你认为你从广东带来的军队能制贼吗？"熊称不能。空隐又问他："那朝廷调到你手下的大将们中有可以嘱托大事，或是独当一面，不用你指挥而成大事的吗？"熊说还不清楚。

空隐总结说："既然你现在可以凭借的两方面都不足以灭贼，皇上因为你以前平息海盗之患的名声而对你寄托了厚望，一旦你不能取得成效，恐怕必死无疑。"

熊沉吟半晌，道出他很可能一直认为是自己王牌的东西："那我招安如何？"

空隐说："我料定你必然要走招安的路子。但流贼和海盗不一样，你要慎重啊。"

农民军和海盗到底有何不一样，为何不能用招安海盗的方式招安农民军，空隐没有说，我们不妨剖析之。

前面说过，海盗的目的不过是为了海上走私，而一旦接受招安，只要向相关衙门的官吏行行贿，走私照样可以干，甚至还可以一边缉别人的私，一边走自己的私，时而为海盗，时而为官员。这种打起灯笼难找的好事，海盗们当然梦寐以求。农民军则不同，当他们刚刚铤而走险时，如果朝廷及时招抚，他们还有可能放下武器，重新返回土地。但此其时也，农民军已经不再是当年为了免于饿死而揭竿的饥民，他们的领头人物，都已成为啸聚山林、攻城略地的大大小小的军阀，他们与朝廷之间的对立，远比海盗和朝廷的对立更为严重。更何况，此前曾有过农民军受抚后却被官军清洗的先例，农民军对朝廷不可能真正投降。要降，也是假降。后来事态的发展证明，空隐的担忧完全在理。

熊文灿比较幸运的是，他遇到了一个基本算得上宅心仁厚的上司，这个领导就是晚明官员中真正比较有才能的杨嗣昌。当是时，杨嗣昌全面主持对农民军的清剿行动，熊文灿则是方面大员。在杨嗣昌"四正六隅"政策的凌厉攻势之下，农民军地盘锐减，屡屡受挫，杨本人和崇祯都认为，朝廷极有可能在短期内解决农民军这个心腹大患。

孰料，熊文灿上任伊始，就发现他从广东带来的军队根本不是农民军的对手，划归他管辖的左良玉则骄横不法，不把他这个文官放在眼里。熊文灿凭借以往的经验，很容易想到了招安。正当他和张献忠等农民军私下谈判时，崇祯得知并震怒。幸好，杨嗣昌虽然也不同意熊文灿招安，但他毕竟是自己的部下，只得"曲为文灿解"。

世事难料，杨嗣昌没想到的是，他的步步为营的围剿，竟然成全了他不赞同的熊文灿的招安。明末农民军首领，绝大多数出自社会底层，个个都有把辛酸泪，但随着势力的坐大，又个个都成为拥兵自重、见风使舵的军阀，他们最惯用的一个伎俩就是假投降。深明局势的杨嗣昌一向不相信他们会真的投降，但曾经成功招安过海盗的熊文灿却凭他以往的经验，相信农民军的投降就像郑芝龙的归顺一样完全发自内心。

处于下风的农民军张献忠、罗汝才、刘国能等近十支队伍，正被杨嗣昌逼得没法喘息，当他们意外地接到熊文灿的橄榄枝，大喜过望：又可以在濒临灭亡的紧急关头喘口气了。于是，他们全都接受了熊文灿的招安。原本反对招安的杨嗣昌，眼见张献忠等人果然投了降，虽然心存疑虑，却也不好再表示反对了。崇祯也因此嘉奖熊文灿，熊文灿则以为把福建的经验搬到中原，同样放之四海而皆准。史称："文灿以为得策，谓天下且无贼也。"

随后的事实证明，不是无下无贼，而是"贼人"在面临束手就擒的危险之际，暂时向朝廷表示了归顺。尽管是暂时的归顺，但这归顺，也只有熊文灿这种一厢情愿的经验主义者才天真地信以为真。

张献忠投降后，屯兵于谷城，他干的事就两样，一是不断满足各级官员索贿，二是不断向朝廷要钱要粮，招兵买马，其反迹如同和尚头上的虱子一样明显。熊文灿却看不见——或者更准确地说是不愿意看见。

一个高级官员处于顺境时，他会把自身的才能无限制地放大，而把对手的智商估计得过低。当朝廷要求张献忠率部换防时，张献忠却对朝廷的三次严令置若罔闻。这时候，就连最不明真相的普通老百姓都知道张献忠要反水了，熊文灿却坚信张献忠就是郑芝龙第二，忙着给朝廷打报告——要求朝廷给张献忠封官职，划防区。不久，张献忠就以他的再次扯旗造反给了熊文灿一记脆生生的耳光。

张献忠再次反水后，其他几股投降的农民军，也跟着一起再反。熊文灿给崇祯写的那份保证天下自此无贼的报告，想必崇祯还言犹在耳，再反的消息却一个接一个地通过八百里加急塘报送达御前。崇祯是个对员工的工作极度缺乏耐心的老板，他可以重奖你一百次成功，却没法容忍你一次失败。砸锅就翻脸，这一向是崇祯对待员工的主要方式。

当熊文灿的招抚政策破产时，他本人的政治生命与肉体生命也即将走到尽头：他先是被勒令戴罪立功，但随着他那个不听指挥的部下左良玉在与张献忠的罗英山之战中大败，震怒的崇祯命令将熊文灿逮捕下狱。有关部门秉承崇祯旨意，给熊文灿的处理结果是大辟——也就是死刑。官员在做事时，可以由着自己的识见和勇气拍板，但若失败，事后可能得用自己的前途乃至身家性命为拍板的事情负责。这一点，在古代中国的大多数时期，一直是常见的游戏规则。

这个故事说明：

第一，不要试图把自己打扮成忠君护国者，喝了两口猫尿就做出怒发冲冠、慷慨激昂、时刻准备为国为君尽忠的样子，即使你知道你只是在演戏，但如果别人当了真，说不定什么时候就会有飞来的横祸落到你头上。你只有一颗人头在这世上混，不要贪图嘴上痛快被人抄了后路。

第二，经验主义者有时明知道在新情况下再依靠旧经验办事已是刻舟求剑，却仍然硬着头皮凭着旧经验办事，这不是他们很执着，而是他们除了一无所用的旧经验，根本不敢面对新情况。就像明知道纸包不住火，但火烧眉毛之际，还是幻想奇迹出现。所以，经验主义者都是一些具有想象力的人，幻想他们既往的经验竟然放之四海而皆准。

两只虎的
命运

地处亚洲腹地的黄土高原，沟壑纵横，黄沙弥天，生存条件极其恶劣，其中陕北一带尤其艰难。不仅那里的地表给人一种干旱与饥渴之感，就连生活在那里的人，他们的表情，往往也叫人从他们皱纹密布的脸上，读出一份苍凉。要想在这种贫瘠的地方活下去，命要硬，性子也要硬。于是，多年以来，陕北出了不少敢作敢为的猛人，诸如搅得天下大乱的李自成和张献忠这对农民领袖的双子星，他们就是从陕北的黄土沟里走出来的。

与此相仿，还有另一对双子星——和李自成、张献忠致力于与朝廷作对不同，这对双子星为大明江山流尽了最后一滴血。在那个人命如草官命亦如草的衰世，他们以悲剧性的结局得到了不是善终的善终。此二人，就是猛如虎和虎大威。如同他们的名字一样，这的确是两只生机勃勃的虎，《明史》称："（猛）如虎骁勇善战，与虎大威齐名。"他们南征北伐，百折不挠，企图像辛稼轩说的那样，"马作的卢飞快，弓如霹雳弦惊。了却君王天下事，赢得生前身后名"。然而，他们又是两只落入了陷阱的虎，空有啸傲山林的志向与勇气，却不可能具备啸傲山林的时运和环境。

明朝和宋朝相仿的一点是重文轻武。按明朝惯例，具体带兵打仗的是总兵之类的军人，但朝廷常常会委派一个高级文官作为一支或几支军队的统帅，根据具体任务而称呼不一，如"总督""提督""巡抚""经略"及"督师"等。并且，在以科举出身为正途的社会风气下，行伍出身的军官，即使是升迁到了总兵这样的高级职位，往往也得不到应有的尊敬和认可。更要命的是，虽然朱元璋曾多次告诫他的后人，不准太监干预政事尤其是军事，但到了晚明，特别是崇祯朝，当崇祯觉得普天下的官员都出于卑劣人格欺瞒他时，他以为唯一信得过的就是身边人——太监。于是，一个负责指挥军队的高级将领，不得不听任一个说话阴阳怪气的叫作监军的太监的呵斥乃至羞辱。这，就是猛如虎和虎大威两位晚明将领的官场生态环境。

在晚明，军官的出身大抵有三种，其一是应武举中式，其二是士卒一步步升迁，其三是降人——降人既有农民军将领，也有海盗首领，还有少数民族武装头目。很明显，三种出身中，最为低贱或者最带原罪性质的就是第三种——降人。非常不幸的是，猛如虎和虎大威均是降人。从他们的姓名就可看出，他们其实都不是汉人，而是生活在塞外的少数民族。

两只虎从投诚的士兵，一直做到了总兵，这说明两个情况：其一，两只虎的确有脱颖而出的真本事；其二，晚明虽然腐败不堪，但有才华的人基本上还是有上升的机会和空间，说明那个社会还没有完全让人绝望。真正让人绝望的社会，不仅在于官二代官三代可以空降到各种显赫职位，更在于草根阶层纵然有经天纬地之才，却连报考官员的资格也被别人合法剥夺。

猛如虎最显赫的政绩，是作为主力部队，基本平息了山西境内农民军的叛乱。后来，他调往河南，驻防于黄河畔，"劳绩甚著"。崇祯十一年，清军入关，猛如虎作出了一个忠直之臣应有的反应：火速率兵勤王。

和乡党猛如虎一样，虎大威早年也在山西境内与农民军作战，因作战勇敢，他的领导认为他是众多下属中，和猛如虎一样不多的几个可以完成军事任务的将领之一。在与高加计领头的农民军作战时，高加计凶悍异常，舞动一条长梃突阵而来，虎大威操弓搭箭，一箭射死高加计，并率部斩杀

500余人。

按道理，像这样两员作战勇猛、忠君爱国的虎将，他们理应有一个光明通透的远大前程。但是，衰世的吊诡之处就在于，许多事情都不能以承平时代的常理去臆度。最终，两只虎都在他们风头正劲、年华最富的壮年走上了人生的绝路，建功立业、封妻荫子终究归于画饼。

经过几次大的战事之后，上级调配给猛如虎指挥的部队，只有600余人是跟随他多年的老班底，更多的部下则是临时从左良玉部抽调而来。晚明官军中，左良玉部的军纪最为败坏，作战能力也最差，"骄悍不可制，所过肆焚掠"。猛如虎想打造的是一支纪律严明听指挥的队伍，而原属左良玉的大多数部众，却把当兵看作当差吃粮而已，其中不乏在冲州撞府中大发横财的兵痞。

当猛如虎带着这支临时拼凑的军队在风雪交加的山谷中行军时，左良玉部"咸怨望"——都在背后发牢骚说怪话。猛如虎对这些怨望，哪怕是听到了也只得假装没听见。他不敢犯众怒，否则，军队哗变了可不是要处。

多日的急行军后，猛如虎终于追上了张献忠。在一场没有后援的孤军深入式的激战中，原本属于左良玉部的军队一触即溃。如前所述，猛如虎的嫡系部队只有600余人，虽然他的儿子当场战死，猛如虎本人也率亲兵力战，但仍然不能挽回失利局面。

此后，猛如虎收拾残部，守卫南阳。李自成在击败傅宗龙之后，乘势包围南阳，猛如虎只得与同事刘光祚凭城固守，"用计杀贼精卒数千"。但内无粮草、外无救兵的孤城，终究还是陷落了。城破之日，猛如虎率众巷战，"血盈袍袖"，自知突围无望的情况下，他北向叩头，以示不忘君恩，而后被蜂拥而至的农民军杀死。

虎大威比猛如虎早两年成为总兵。在崇祯十一年（1638）的全国军官大考核中，他被评为称职，并受到朝廷奖励。但就在这一年，清军入关，虎大威随同总督卢象升在巨鹿与清军主力决战。是役，明军被清军包了饺子，主帅卢象升阵亡，虎大威等人突围而出。

事后，虽然孙传庭等人均出面向崇祯打报告，认为虎大威"身入重围，视他将异"，应该减轻对他的处分。虎大威本人也向崇祯写检查。但崇祯仍然将其解除职务，暂时留在军中效力，所谓戴罪立功是也。

《明史》认为，虎大威做偏将时，名声最大，等到他成为方面大员，正逢农民军势力最强之际，而他所部和猛如虎差不多，也只有千把人。尽管他本人作战勇敢，但区区千把人马，面对动辄几万上十万的农民军，实在不过是杯水车薪。所以，"不能大有所挫"。

其实，虎大威不仅因所部兵马少而不能大有作为，甚至直到他战死，都还一直背着朝廷的处分。在河南，虎大威同其他几支官军与李自成交战，并取得了斩首千余的战绩。然而，当李自成围困开封时，几支官军却踌躇不前。最要命的是，左良玉——又是左良玉——竟率部先从战场上撤退，虎大威等人兵力远不如左良玉，也只得跟着撤退。

擅自从战场上撤退，显然犯下了弥天大罪。除了率先撤退的左良玉外，其他几支撤退军队的主将都受到了极为严厉的处分，有的被撤职，有的被判处死刑。虎大威之所以没有受到处分，乃是在处分下达之前，他在进攻农民军的另一次战斗中被炮弹击中，当场阵亡，"乃免其罪"。

表面看，两只虎的遭遇似乎只是偶然的个案，其实，个案中却有着极为深刻的内在因素，从而决定了它不是偶然，而是必然。

猛如虎之死，死于他那不称职的部下。在晚明，朝政日非，人心思乱，当兵不过是为了混口饭吃，诚如是，一支没有理想指引的军队，他们哪里会真正地为虚无缥缈的江山或君主拼命呢？猛如虎的悲剧在于，他本人忠君，但他无法强求部下也像他那样忠君。就像一家私企的中层管理人员，你天天为老板任劳任怨地加班，甚至还拿自家的银子和自己的老婆为老板办事，可这只是你个人的事情，一个愿打一个愿挨，旁人管不着。但是，倘若你不仅自己这样做，还要求你的部下也跟着你一起这样做，而部下不过把这家公司当作一个打工挣稀饭钱的地方，他们会跟着你一起凑热闹吗？

虎大威之死，则死于他那不称职的上司，亦即崇祯。崇祯尽管知道虎大威英勇善战，却因他本人的出身，而不愿把更多的军队交给他指挥。同时，当虎大威犯下并不算严重的错误时，崇祯就给予他明显过于严厉的处分。这个薄情寡恩的君主，他的最大爱好就是计较臣下的小过失，以为这样就能够显示他的精明与威严。殊不知，这种做法却助长了臣下们不求有功、但求无过的得过且过之风。不管曾立下多么伟大的功劳，一旦犯了小错，也不能将功抵过，而是遭到最为严厉的处分，那还不如什么也不干，以免犯错误。

这个故事说明：

第一，即便你是只老虎，没了配套的山林深谷，你也只能是虎落平阳。是故，在把自己当作老虎，准备大展雄风之前，一定得先偷偷看一眼，配套设施是否真的已经齐全。否则，你还是把自己当只猫吧，犯不着为了一时意气，断送卿卿性命。

第二，生逢乱世，要想拥有幸福安宁的生活已属天方夜谭，那么，退而求其次，能够有机会相对体面地死，也不失为不幸中的万幸。

马士英的
如意算盘

明朝初年，燕王朱棣抢了侄儿建文的江山，捎带着把首都也从南京迁到了他的老窝子北平。南京从此降为陪都，却拥有一套完整的政府班子。依朱棣的意思，南京就是给大明预存的一个备胎，以便非常时期可以立即替换。

甲申之变的消息传到南京，南京的一班子高级官员启动了备胎程序。最主要的程序就是，由谁来接替上吊自杀的崇祯做皇帝？最天经地义的选择当然是崇祯的儿子，可惜崇祯的三个儿子都下落不明。依照朱元璋定下的大明皇统承继规矩，南京的大臣们提出了三个候选人：福王、潞王和桂王。三个人中，以福王与崇祯的血缘关系最近，是最应该继承朱明天下的。

当时，南京政府的当权人物主要是史可法、高宏图和驻守凤阳的马士英。史可法和高宏图都属于东林党，他们也知道从礼法和祖制讲，应当拥戴的是福王。可是，福王的爹爹——也就是被李自成杀死后与鹿肉掺和着做成福禄宴吃掉的老福王——当年与东林党有过很深的过节，如果拥立他的儿子继位，东林党人担心自己没好果子吃。所以，一向以光明磊落自许的东林党决定拥立潞王，这样不仅可以避免福王上台后的报复，同时还会让意外坐上龙椅的潞王对他们感恩戴德。为此，身为兵部尚书的史可法站出来写了封信，在信中指出福王有七大缺点，断断不能立为皇帝。史可法的这封信，是写给马士英的。

马士英，贵阳人，祖籍广西梧州，当时的职务是凤阳总督。按理，马士英乃地方官员，拥立谁做皇帝，史可法、高弘图等人原本可以不和他商量，但没办法，马士英乃是当时南明最有战斗力的江北四镇的总指挥。乱世的原则就是有枪就是草头王，不和老马打招呼，不把他说服，将来会有麻烦。

对史可法提出的福王七大不可立，马士英没有公开反对，这就让史可法误以为马士英默认了东林党的主张。何况，此前马士英与东林党一向走得很近，东林党的盟军、复社首领张溥去世时，东林党和复社高层正忙于派系之争，没人管张溥身后之事，还是马士英出面，屁颠屁颠地奔走了上千里，忙碌了一个多月，才使这位晚明才子原本非常不体面的丧礼得到改观。所以，史可法以为他的信具有极强的说服力，深明大义的老马一定会为那封信感动得痛哭流涕呢。

谁知，正当史可法们在南京准备迎接潞王时，马士英来了。马士英向以史可法为首的东林党宣布，他要拥立的不是潞王，而是福王。东林党想表示反对，但福王已经站在了他们面前。并且，跟随马士英和福王而来的，还有精锐的江北部队。东林党人只得忍气吞声地放弃了还在路上的潞王，改而拥立这个矮胖子坐上龙椅。这个矮胖子就是南明皇帝弘光。

当年大商人吕不韦在结识了在赵国的秦国人质公子异人后，打算把赌注押在他身上。他回到家，和其父亲之间有一段很精彩的对话。吕不韦问他父亲："耕田可获利几倍？"其父曰："十倍。"又问："贩卖珠宝可获利几倍？"其父曰："百倍。"再问："立一个国家的君主，可获利几倍？"其父曰："那就不可计数了。"吕不韦肯在异人身上花大价钱，就是看准了这笔投资如果成功，其回报将是千倍万倍，所谓奇货可居是也。

马士英拥立福王，如同吕不韦一样，很快就收到了立竿见影的回报：他与史可法等人一道被任命为东阁大学士，也就是实际上的内阁成员。不过，马士英对这一任命的反应竟是勃然大怒——他一向忌惮的史可法虽然改任礼部尚书，但仍然执掌军事并主持中枢机关工作。大怒的马士英于是就把史可法写给他的那封信悄悄交给弘光，当然，交信的时候还顺便带了一支很精锐的军队一起入朝。很快，马士英的目的达到了：弘光命马士英为兵部尚书兼凤阳总督，入京主持中枢机关工作，而倒霉的史可法，被勒令火速到前线督战。

记录于《明史·奸臣传》中的奸臣，一共只有十来人，而崇祯一朝竟然就占了三个半，两个是周延儒和温体仁，一个半则是马士英和他的铁哥们儿阮大铖——阮之所以只算半个，是他的行状附之于马士英之后，没有单独立传。

研读马士英传，大抵可对此人做如下判语：

其一，胆大妄为，不计后果。马士英早年曾任宣府巡抚，到任一个月，即动用公款数千金，用来打点朝中高官，不久为人告发，被免职流放。

其二，有文才。马士英和阮大铖两人皆奸臣，两人的交情也深，根源乃两人都是当时最有才华的艺术家。阮大铖工戏曲，马士英善书画。他留下的一幅山水立轴，21世纪初曾拍下五十万元的高价。

其三，讲义气。张溥死时，尽管身为东林巨子和复社领袖，但清流自赏的东林党和复社成员竟无人过问，反倒是和张溥只有数面之交的马士英出面，给他办了个得体的丧礼。这样一个具有复杂人格的人，一旦执掌了半壁江山的实权，会给这个偏安的小王国带来些什么样的影响呢？

阮大铖早年投靠魏忠贤，魏被诛后，阮亦罢官闲居南京。其时，马士英因挪用公款行贿被处分，流寓南京，两个才华横溢却又仕途不顺的人由是订交。此后，阮大铖重金贿赂东林党人推举的首辅周延儒，希望周帮他重出江湖。但周为难地表示："你是钦定永不叙用的阉党，反对的人太多，难度太大呀。"阮大铖说："如果不能起用我，那就起用我的朋友马士英吧。"由是，马士英得以被委任为兵部右侍郎兼右佥都御史。

讲义气的马士英掌权后，首先要做的就是回报他的铁哥们儿阮大铖。很不幸的是，东林党及其追随者一直咬着阮大铖曾经是魏忠贤阉党的历史问题不放。马士英不计后果的犟脾气发作了，他一面积极向弘光推荐阮大铖，宣称迎立行动中阮大铖也是积极参与者；另一面无情打击此前与他尚有一定交往的东林党人。

弘光本人并无帝王之资，那身黄袍不过是从天而降的意外之物，每天的主要工作只是观戏剧，饮火酒，玩幼女。既然老马如此吐血推荐，那阮大铖想必真是个人才吧。于是，阮大铖得以复出。

阮大铖对压制了他近二十年，甚至当他闲居南京，为当年的事已有悔意时，仍然到处写他的坏话，要把他斩尽杀绝的东林党人的仇恨，可谓深入骨髓。现在，既然在马士英的帮助下，他也成了南明小朝廷最具权势的人物之一，他要做的第一件事，就是收拾东林党人。

东林党人与马士英本来没有什么大的过节，但马士英是个讲义气的人，既然东林党人与他的铁哥们儿过不去，那也就等同于与他老马过不去；既然他的铁哥们儿要收拾东林党，他当然得帮着呐喊助阵。于是乎，南明这个拥有富庶江南在内的半个中国的小王朝，继续纠缠于自万历年间便蔓延开来的派系之争中。

马士英与阮大铖的专权，引发了驻守于长江中游地区的一个军阀的不满。这个军阀就是军纪很坏的左良玉。左良玉在武昌誓师，宣布要率兵到南京清君侧。马士英大为恐惧，遂把江北四镇悉数调往南京上游，以防左良玉。没成想，就在此时，满洲铁骑已进逼江北。南明官员们讨论派兵抵抗，马士英厉声喝道："你们这些东林党，难道是想借口防守长江，以便让左逆打进南京吗？清军打来，还可议和，要是左逆打来，你们倒是可以继续当官，可我和陛下就只有死路一条了。"在左良玉并没有真正攻打南京（左刚出兵就病死）的情况下，江北几支军队悉数撤回，只留下史可法独自支撑。

就连弘光这样的昏君，听说清军打来时，也想到派兵抵抗，为什么聪明有才的马士英却完全不做抵抗呢？从浅处说有两个原因，第一，他不希望军人立功，他要控制这个小朝廷，要做这个小朝廷的老大，其他任何人的风光都是他不愿意看到的；第二，他不想把有限的财政用作军费。当史可法向他请款时，他只是大笑而罢。从深处说，这更和马士英打的如意算盘有关。

他的想法是，即便清军兵临城下，也可以通过割地赔款的办法议和，只要议和，那么在这个小朝廷里，他仍然是事实上的一号人物。因此，哪里有必要让别人去立功？哪里有必要现在就把钱拿去花在打仗上？此外，纵然议和不成，他还有最后的办法——此前他从老家贵州调了一支几百人的军队安排在左右，想的就是城破之后，在这几百人的保护下，回他的老家继续幸福生活。

然而，马士英的如意算盘打错了，此时的大局已不是他想象过的北宋与辽或者南宋与金的势均力敌的对峙，可以通过和平的办法结束战争。南明与清廷的势力早就不成比例，他想要与之议和的清廷早就志在统一中国。此后，南京城破，马士英出走后被俘，然后被杀。

这个故事说明：

第一，讲义气是一种美德，但像马士英那样拿江山社稷去讲义气，那就是对天下百姓不讲义气。

第二，后世的贪官选择去国外躲避惩罚，但明代的贪官却只能考虑去西部边远山区，这只能说明他们"生不逢时"。

礼崩乐坏
时代的
高官典型

　　孔夫子曾经抱怨，他不幸生活在一个礼崩乐坏的时代。其实，与晚明相比，孔夫子的春秋时期虽然各国之间征伐不断，君主们大抵不问苍生问鬼神，但中国文化童年时期的天真烂漫还没有消失。唯其如此，当孔夫子看到季氏在家里排练只有国君才有资格欣赏的八佾之舞时，才会异常愤怒地指责这简直就是是可忍孰不可忍的大逆不道之举。

　　与春秋时代相比，晚明的礼崩乐坏已经到了前所未有的极致。用一句话来概括这个时代的特征，那就是所有人都不在自己本来应该在的位置上，所有应该靠谱的人与事都不靠谱。官做贼，贼做官，君不君，臣不臣。在礼崩乐坏的季世，高官们的面目出奇地相似，其中，刘泽清的做派与行事风格，堪称个中典型。一人之心，千万人之心也，解剖刘泽清这只麻雀，庶几等于认清了晚明吏治与世风的病灶。

刘泽清，山东曹县人。与晚明大多数高官都是通过科考而入仕不同，刘泽清本人没读过什么书，年轻时在本地当过捕盗弓手。后来因缘际会，投身到明朝廷正规部队，从低层军官干起，一直升到了山东总兵的显赫位置。明朝灭亡的前一天，他接到崇祯的圣旨，被封为东平伯。京师失陷后，他率军从山东撤退到南京。因手握重兵，一夜之间成了南明最有势力的江北四镇之一。清军南下后，他很快投降。顺治五年，封为子爵后不久，被告谋反，清朝将其处死。作为礼崩乐坏时代高官的典型，《明史》称他"为人性悭怯，怀私观望"。刘泽清身上，具有以下胎记般显著的特征：

其一，秀政绩。刘泽清以草根出身，能够在十多年里从一个低级军官被提拔为高级将领，和他总是能抓住时机秀政绩，向朝廷彰显自己的能干密不可分。秀政绩本来无可厚非，前提是这政绩是实实在在的。退一万步讲，即便这政绩乃是镜花水月，但只要不拿老百姓垫底，你当官的要去糊弄朝廷和圣上，老百姓其实也没多大兴趣管你的闲事。问题在于，就像大多数踩着苍生血泪升迁的官员一样，刘泽清的政绩不但建立在老百姓身上，而且建立在老百姓的痛苦乃至生命的消失之上。比如他在山东总兵任上，为了虚报一次压根儿就不存在的大捷，竟然派兵洗劫村落，把那些无辜被杀的老百姓奏报为贼寇。这种杀良冒功的行径，其实只要略加核实，就不难辨识其真伪。但是，朝廷在根本没有坐实的情况下就给予了表彰。这说明，在一个弄虚作假秀政绩成为官场潜规则的时代，官有多大胆、政有多大产就是必然。

其二，搞关系。虽然刘泽清时代没有现在那些苦口婆心教你如何在职场中尔虞我诈削尖了脑袋往上爬的所谓秘笈，但来自底层的刘泽清就像黑暗岩石下的小草一样，出于一种本能和天性，他想出头。要出头，除了秀政绩，更重要的是搞好关系。比如在镇压山东的李青山起义时，他的部队本是主力，却没能抓住李青山。为此，他重贿监军太监，活生生地把生俘"贼首"的首功记到了自己名下。更重要的是，他看准了一人之下万人之上的周延儒举足轻重而又贪财好货的特点，对症下药，立竿见影。朝中有人好做官，虽然在与清军和农民军的作战中都没有什么像样的战果，但刘泽清的仕途却越走越宽广。

其三，排异己。就像最黑暗的天空也会有流星划过一样，礼崩乐坏时代也会有正直的批评者。在刘泽清这种官员眼里，批评者无疑就是必须除之而后快、除之而后安的异己。铲除异己的方式有多种，最具杀一儆百威慑作用的当然要数肉体上消灭。放在承平时代，刘泽清不可能有这么大的胆子，但时值乱世，只要手里有兵，朝中有人，要弄死个把不识时务的批评者，比捏死只蚂蚁难不了多少：

兵科给事中韩如愈曾经多次弹劾刘泽清，刘泽清对他一直怀恨在心。甲申之变前夕，韩如愈出差经行刘泽清防区东昌，刘泽清"遣人杀之于道，无敢上闻者"。刘宗周是崇祯朝最敢直言的官员，当他面对江北四镇割据状若小王国的局面时，曾多次上疏弘光，对高杰和刘泽清等人提出严厉批评，并认为朝廷应该对他们所犯过错予以处分。对此，刘泽清两次向朝廷提出，要求处死刘宗周。朝廷虽然明知刘泽清的狂悖不法，却不得不"温诏解之"。刘泽清不能借朝廷公权处死刘宗周，便暗地里派出十来批刺客，前去刘家行刺。但是，非常神奇的是，当那些刺客来到丹阳刘家，看到刘宗周这个须发皆白的老人"终日危坐，未尝有惰容"时，竟然都失去了下手的勇气，刘宗周才得以免于横死。

其四，保实力。生逢乱世，有枪就是草头王，身为拥兵自重的军阀，刘泽清比其他人更明白实力的重要性。为了保存自身实力，刘泽清算是想尽了办法，而这些办法的最根本之处，就是一旦面临有可能消耗自己实力的事，不论这事原本多么天经地义地属于自己的职责范围，也坚决不干。推得脱就推，推不脱就阳奉阴违。

刘泽清是山东人，多年以来一直在山东做官，把山东经营成了自家的后院。崇祯年间，朝廷几次调他到外地作战，他总是找种种借口，以便有机会再次回到山东。甲申年，当李自成进逼京师时，福王封他为东平伯，令他率兵进京勤王。这时候，刘泽清连借口也不需要了，他直接不奉诏。和他同样不奉诏的，还有冲冠一怒为红颜的吴三桂。不过，当满洲铁骑南下时，刘泽清经营多年的山东也保不住了。在率兵南下之前，他在防区干的最后一件事是纵兵大肆抢劫。

其五，捞银子。金钱不是万能的，但没有金钱却是万万不能的。这个道理，刘泽清再明白不过。打点上司要钱，安抚下属要钱，花天酒地更要钱，没钱怎么能行呢？刘泽清对捞银子的热情，要远远胜过他口头上的忠君报国。

在曹州任上，他就以捞银子买土地而著称，据记载他在"郡中田宅甲于他省"。及至逃奔江南，他一下子成了俨然国之干城的江北四镇之一。当是时，由于朝廷不能给四镇充足的兵饷，再加上为了笼络他们，于是饮鸩止渴般地把四镇防区内的军事、行政和财税大权统统拱手交给他们，四镇便成为防区内的土皇帝，防区也就成为连史可法这样的直臣也针插不入水泼不进的独立王国。对这种到口的肥肉，刘泽清是不会客气的，在他的防区内，他设榷关，征船税，立团牌，起柴抽，丈海荡，行小盐。一切办法都是为了广开财源——也就是想尽办法从可怜的老百姓身上榨油。

其六，恋酒色。如同昏庸的君王背后总是有奸臣的双手在暗箱操作一样，礼崩乐坏时代高官的典型生活，总是离不开酒色二字的支撑。刘泽清的宅第建造得富丽堂皇，甚至比王府还豪华。史称，"泽清造宅淮安，极其壮丽，四时之室俱备，僭拟皇居"。在这所纸醉金迷的豪宅里，刘泽清"日拥四方卤获良家子美好者，杂诸倡，纵声伎为乐"。其中一个叫冬儿的女子，为他辅导四十多个年轻美女唱歌跳舞，供其淫乐。为了把他手下一个书佐（秘书）的美艳老婆搞到手，刘泽清随便找了个借口，就将这个书佐处死。

无论是用当时还是今天的道德标准去衡量，刘泽清都是一个不折不扣的人渣，人渣而为高官，而被朝廷视为国之屏障，这样的国，这样的朝廷，其倏忽而亡的命运也就不足为怪了。

然而奇怪的是，刘泽清这个五毒俱全的坏官典型，竟然是个长相俊美、白面朱容的文学爱好者。史书上说他颇涉文艺，好吟咏。无知者大多一厢情愿地认为，官员一旦爱好文学，再坏也坏不到哪里去。但刘泽清的行状无情地撕破了这层源于文学的温情脉脉的面纱：

刘孔和既是刘泽清的副手，也是他叔叔。刘泽清微时，曾在这个叔叔手下混碗饭吃。这个叔叔没想到的是，他竟因一句玩笑话而被侄子杀害。其时，刘泽清写了首诗，想必这首诗比较歪，当他得意洋洋地把这诗给刘孔和展示并问好否时，刘孔和开玩笑说：你不写更好。听了叔叔的话，刘泽清勃然色变，不久，就寻了个借口将刘孔和叫到营中斩首。刘孔和手下2000人不服，刘泽清"令别将击斩之，无一人存者"。也就是说，他这首歪诗的代价是2000多颗血淋淋的人头。

还有一件更经典的事，最能说明刘泽清这种大权在握的高官有多么变态。刘泽清养了两只猿猴当宠物，猿猴很通人性，呼其名，便会走到面前。一天，刘泽清请一个老朋友的儿子喝酒。席间，他呼叫猿猴捧着盛了酒的金瓯送到客人面前。猿猴面目狰狞，客人很害怕，不敢伸手去接。刘清泽笑着说："你害怕吗?"旋即让手下人把一个囚犯押到堂前扑死，将其脑花和心肝取出，置于瓯中，添上酒，命猿猴捧到客人面前一饮而尽。

按刘泽清的想法，他以为他如此烂熟于胸的为官秘笈，将使他不管在明还是在清，都照样吃香的喝辣的，因而当清军南下时，他几乎没作抵抗就愉快地临阵倒戈。不承想，尽管是他宣誓要毕生效忠的新主子，也看不惯他的反复无常与卑劣，给他安了个谋反罪名凌迟处决。

这个故事说明：

第一，天下鼎沸的乱世，做好官难，做坏官也难；做好官不安全，做坏官也不安全。乱世之乱就乱在，每一个不幸生逢其时的人，都不可能有真正的安全感。

第二，中国官员有好吟诗的传统。村夫愚民往往天真地认为，写诗的官员似乎要多一分人性。但血淋淋的历史教育我们，官员好吟诗就像官员爱喝酒爱泡妞一样，与他们的人性毫无关联，乃是酒足饭饱后的一种消遣。

平贼将军的
生存法则

　　像明代的许多职业军人一样，左良玉也出身于穷苦人家庭，自小父母双亡，由叔叔养大，连母亲的姓氏也不知道。这样的出身，注定了左良玉是个目不识丁的大老粗。但如同古人说的世事洞明皆学问、人情练达即文章一样，这个大老粗对人情世故，对身处乱世的生存法则，把握得比谁都准。他能从一个最底层的草根成长为风云一时的明军主将，足见其有过人之处。

　　左良玉最初在辽东服役。崇祯即位那年，宁远士兵因朝廷长期拖欠粮饷而哗变，逼得带兵的巡抚毕自肃上吊自杀，下级军官左良玉也受牵连革职。不久，因朝廷正是用人之际，特别需要左良玉这种有带兵经验的下级军官，他很快官复原职。在和入关的后金军作战时，左良玉表现不俗。当时，左良玉的上司是东林党人侯恂，也就是大才子侯方域的老爹。侯先生是左良玉的伯乐和贵人，他提拔左良玉为副将。左良玉此后的表现，倒也没让侯恂失望，他"战松山、杏山下，录功第一"。

随着农民军如火如荼般发展壮大，崇祯不得不从辽东前线抽调部队回内地镇压。左良玉也在抽调之列，给他分配的任务是负责河南境内的战事，这是崇祯六年的事情。此后直到甲申之变的十多年间，左良玉一直辗转于河南、安徽、湖北、陕西等地与农民军交手。

他的战绩，可以概括为：逢张多胜，遇李辄败——他多次大胜张献忠，却屡次败于李自成。左良玉大败张献忠最经典的战斗至少有两次。一次是崇祯十一年，张献忠假扮官军拟突袭南阳，当他扎营于南阳附近的南关时，左良玉恰好率兵经过。警惕性颇高的左良玉心存疑虑，召张献忠进见。张献忠自然不敢去见左良玉，仓皇间只得"逸去"，左良玉率军追赶，连发两箭，其中一箭射中张献忠肩膀，张献忠血染征袍，幸好部下拼死相救，才得以死里逃生。另一次是崇祯十三年的玛瑙山之战，张献忠原本占据山顶的有利地形，竟然糊里糊涂地输掉了这场胜算颇大的战斗，不仅手下十多个将领被斩杀，连妻妾也做了俘虏。和打张献忠的得心应手相反，左良玉和李自成交手时，吃了好几次亏，以至于后来左良玉畏李如虎，能够避免交锋就坚决绕道走。

左良玉生活在一个不折不扣的乱世，他明白，在乱世，作为一个职业军人，保存自家实力是头等大事。至于是否为君分忧，那是圣旨里和奏章中的口号。当左良玉还只是个中级官员时，他就以保存和发展自身实力为第一要义。他驻守怀庆期间，因与上司意见不合，"因是生心，缓追养寇，多收降者以自重"。对上司的檄调，如果可能伤及自身利益，那就采取阳奉阴违的办法，能不听就尽量不听。

左良玉十几年的军旅生涯中，曾遭受过好几次朝廷下令戴罪自赎或是降级使用的处分，其原因，就是他为了保存实力，经常不听上司调遣，以至于使原本掌握主动权的官军常常陷入被动局面。但朝廷之所以没有像处分他的同事贺人龙那样，干脆地判处其死刑，一是左良玉的确有战斗力，二是左良玉的势力越来越大，朝廷不得不考虑一旦真要对他严加处理，是否会引发更大的动乱。

如果说侯恂的提拔给了左良玉第一桶金的话，那么督师杨嗣昌举荐他为平贼将军，则使左良玉成为货真价实的明军高级将领。不过，对这位有恩于己的杨督师，骄横的左良玉回报他的却是拒不听命。

事情要从被左良玉屡次击败的张献忠说起。有时候，最熟悉自己的人不是自己的朋友或同事，而是自己的敌人。比如张献忠就对令他头痛的左良玉非常了解。他在妻妾被擒后派人给左良玉行贿，并挑拨说："有我张献忠在，朝廷才会重视你。你的部队经常抢杀百姓，而杨嗣昌多猜忌之心。一旦我张献忠被消灭了，朝廷也就会跟你算总账了。"左良玉一听，觉得人家说得很有道理：老鼠都抓完了，猫还有好日子过吗？于是，当张献忠入川时，尽管杨嗣昌给左良玉下达了九次严令，左良玉仍然不予理会，任由张献忠顺利进入四川并再一次死灰复燃。

更要命的是，当张献忠次年席卷川中出逼武昌时，左良玉依然坐视不管。张献忠攻破武昌后，杀死明朝宗室襄王朱翊铭——也就是万历的弟弟、崇祯的叔祖。藩王被杀，这对守土有责的杨嗣昌来说，无疑是弥天大罪。他气病之下，不吃不喝，不久就一命呜呼。对此，《明史》认为，左良玉必须负主要责任，"贼濒死复纵，迄以亡国者，以良玉素骄蹇不用命故也"。

其实，对侯恂这位赏识过提拔过自己的伯乐，左良玉依然是以怨报德——同样是左良玉的失误，导致了侯恂的下台。不过，这一次不是左良玉不听侯恂之命，而是过于惧怕李自成：崇祯十五年（1642），李自成围开封，侯恂从狱中起用任督师，负责守城。是时，左良玉隶属侯恂，与其他几支部队一同驻防朱仙镇。但左良玉看到李自成人强马壮，知道打下去要吃亏，他可不想为了朝廷拿自己的本钱去血拼，竟然在一个月黑风高的晚上突然拔营逃跑。他的逃跑引发了其他几支友军的连锁反应，"众军望见皆溃"。但李自成早已在左良玉的退路上挖下了一条环绕上百里的深沟，当左良玉诸军逃跑时，李自成乘机追杀，左良玉诸军下马渡沟，乱作一团，李自成"从而蹂之"。是役，官军大败，弃马骡万匹，器械无数，左良玉一直狂奔到襄阳。因是用人之际，崇祯罕见地没有计较左良玉的败绩，只是令他速到开封助侯恂。但是，左良玉对李自成极为畏惧，"迁延不至"。这样，开封城破，侯恂被问责撤职。

明末与农民军作战的官军，其军纪大多很坏，而左良玉的军纪无疑是最坏的。关于他的历史记载里，烧杀抢掠简直如同家常便饭。左良玉被李自成从襄阳追赶到武昌时，向楚王索要20万人的粮饷，楚王没有答应，他就纵兵大掠，放火烧城，"火光照江中"。为了躲避左良玉军队，武昌上至朱明宗室，下至普通百姓，纷纷逃入山谷。左良玉在武昌驻留了二十来天，当他率部离开时，武昌人在蛇山上欢呼："左兵过矣。"民众都认为能躲过此劫，无异于重生。作为对楚王不肯发饷的报复，李自成急攻武昌时，就在左近的左良玉坐视不救。城破后，楚王被沉入长江。——按理，宗藩失陷，左良玉像当初的杨嗣昌一样面临罪不容诛的指控，但其时的京师已对左良玉这样的军阀鞭长莫及，因为江山覆亡的甲申年即将到来。

左良玉常常放纵甚至命令部下抢劫奸淫，骨子里，他以为这样做能起到凝聚作用。他固执地认为，通过抢劫奸淫的方式，算是给了追随他的弟兄们一点好处和回报，至于民间的愤恨和言官的激烈批评，这些东西在弱肉强食的丛林法则面前，简直就是虚无缥缈的荒唐言。

有关左良玉军队的暴行，《三垣笔记》记载说，他们为了勒索老百姓的财物，常常把被勒索人用木板夹住，再用小火烧烤，稍胖一点的人，被烤得满地是油。至于在大街上公然奸污妇女，几乎是每入一座城池都会进行的习惯性动作。当士兵们把抢来的妇女拖上船载走时，如果这些妇女望着岸上的家人哭泣，站在她们身后的左军士兵就会一刀砍掉她们的脑袋。

甲申之变后，左良玉据守长江上游的武昌一带，他的实力确实保存得很好。当时，他拥兵八十万，号称百万。南明倚为干城的江北四镇中数高杰最强大，但高杰也"不及良玉远甚"。不过，左良玉被认为是侯恂的人，而侯恂又是东林党的人——从而，与东林党为敌的马士英和阮大铖对左良玉采取了打压态度。马、阮的打压最终激起了左良玉的兵变：

他以清君侧为名，传檄讨伐马士英，率大军顺江而下。就在军队行进到九江时，原本抱病在身的左良玉呕血而亡。他的儿子左梦庚被众将推为首领后，旋即投降清朝。

这个故事说明：

第一，如果有谁相信左良玉这样的军阀能够为皇上守护江山，就如同有人相信妓院里盛产贞妇、官场上盛行真话一样荒唐可笑。

第二，如同平贼将军穿着军装却经常公然做贼一样，名和实很多时候是背道而驰的。所以，对某些说法，我们常常得反着理解。

帅哥高杰的
悲剧人生

　　农民领袖李自成最痛恨的人是谁？老对头崇祯，战友加竞争对手张献忠，抑或断了他的皇帝梦的多尔衮。从政治立场看，似乎三者都有可能。但人是情感动物而非政治动物，真正发自内心的爱憎并不是从政治立场出发，而是从个人得失与好恶出发。李闯王最痛恨的人既不是崇祯，也不是张献忠，甚至也不是多尔衮，而是他从前的部下高杰。

　　高杰和李自成一样，都是陕西米脂人，也是最早追随李自成造反的亲信兄弟之一，多年来一直充任李自成的先锋。先锋这个职位，一般都由能够逢山开道、遇水搭桥的能人猛人充当，可见高杰能力还不错。更重要的是，真正改变了高杰人生轨迹的，不是他的能力，而是他的外貌——他长得高大威猛，是个远近有名的大帅哥。有段时间，李自成把高杰从先锋位上调回大本营。其间，高杰因工作需要，经常和负责军需的李自成的老婆邢氏接触。一来二去，邢氏看上了高帅哥，把持不住，摇身一变，变成了一朵翻越高墙的红杏。高杰深知，和老板的老婆私通，这简直就是大虫嘴里夺食，有朝一日要是东窗事发，他会死得比一头猪还难看。恐惧之下，高杰在一个月黑风高的夜晚，带着邢氏私奔了——他投奔了正在积极攻打李自成的贺人龙。长得帅不是错，但利用帅给老板戴绿帽子，偷偷在老板的良田里下种，这就是高杰不对了。

朝廷明白高杰的归降是真，不可能像狡猾的张献忠那样，屡次三番地搞假投降。加上高杰作战勇敢，性情剽悍，就把他派到了和李自成作战的最前线——不用朝廷督战，高杰也会像一只过了河的卒子，硬着头皮往前冲。他最清楚一旦被李自成抓到将是什么下场。想想那个可怕的下场，他能不拼命吗？在和农民军的战斗中，高杰胜多败少，其中有一次还和友军一起大败张献忠。因为这个缘故，他得到了应有的升迁。然而，局部的胜利无法扭转乾坤，更何况，乾坤也不是高杰这个帅哥能扭转得了的。

无可奈何花落去，甲申年，势如破竹的李自成还是顺利进逼京师，崇祯只得知趣地上吊。我敢打赌，甲申年春天，全世界最沮丧最恐慌的人一定就是高杰——要不是贪图一时风流快活，他也该是大顺王朝人五人六的开国元勋了。可现在，不仅一不小心就沦落为君父蒙难的亡国孤臣，还得时刻提防已经登基的李自成来寻仇。当然，人算不如天算，高杰的恐慌没持续多久，李自成就被清军从紫禁城里撵了出来，并且糊里糊涂地在湖北送了性命。高杰这才长长地吁了一口郁闷之气。

清军入关后，清军、明军和农民军几成胶着之态，高杰率领他的队伍，从山西、河南一路南下。沿途，高杰的军队比任何一支军队的军纪都更坏，"大肆劫掠""多杀掠""杀人则积尸盈野，淫污则辱及幼女"，史书用这样的文字记录了高杰军队的暴行。虽说在大动乱时代，掌握枪杆子的军阀就是肆意妄为的土皇帝，但像高杰那样以烧杀抢淫为乐事的军阀，倒也并不多见。可见，长得相貌堂堂并不意味着心肠也好得可圈可点。

高杰抵达南方时，弘光已在南京登帝位，鉴于高杰的军队还算有战斗力，为了笼络包括高杰在内的所谓江北四镇——也就是南明战斗力较强的四支部队，朝廷下旨，大肆封赏四镇。至于高杰沿途对帝国子民犯下的暴行，朝廷概不过问。有言官不合时宜地站出来揭发，但忙于喝酒看戏上床的弘光假装没听见。

当时，扬州是南明所辖地盘中最为富庶的地区，高杰的想法是占据扬州。但是，扬州人民对这个双手沾满人民鲜血的帅哥表现出的不是欢迎，而是极大的恐惧和恐惧之后的坚拒。高杰听说扬州人民不欢迎他，立即下令包围了这座美丽的城市——在后来清军大屠杀的扬州十日到来之前，高杰先来了一次屠杀热身。

扬州人为了保卫家园，组建了自卫队，坚守城池。高杰的军队被认为是最能作战的劲旅，但面对由地方部队和普通市民组成的扬州守军，包围了一个多月竟然无法攻克。暴怒的高杰为了泄愤，一旦抓到城内居民，一律格杀勿论；抓到城外居民，一律砍去右手。——放在承平时代，一个总兵胆敢如此胡作非为，早就犯下了灭九族的大罪。但事发于大兵压境的非常时期，朝廷也拿他无可奈何，只得派名义上是四镇领导的史可法去调停。史可法到了扬州，一面批评高杰，一面替他开脱，并答应把瓜州划给他，高杰才悻悻而去。

不想，一波刚平，一波又起。高杰和四镇之一的黄得功向来不和。他怀疑朝廷不把扬州划给自己，可能是黄得功在中间捣鬼。趁黄得功不备，高杰突然向黄的指挥部发动袭击，要不是黄得功的警卫人员死命护主，黄得功就死在了乱军之中。黄得功本来就像高杰一样脾气大，性子倔，当然咽不下这口气。结果，又是史可法站出来给高杰擦屁股——他拿出一笔钱给黄得功，谎称这是高杰赔礼道歉。黄得功这才勉强罢休。总之，当南明小朝廷倚为柱石的四镇之间严重对立甚至相互仇杀时，四镇的名义领导史可法就像几个儿子打架，自己却在一旁跺着脚干着急，最多只能拉拉架的老父亲一样无计可施。

人都有两面性。一方面，高杰嗜杀成性；一方面，又对弘光小朝廷还算忠心。当清军劝降时，他回了一封不卑不亢的信予以拒绝。他的忠心，准确地说来自史可法的人格魅力。高杰攻打扬州，滥杀无辜并犯下众怒时，是史可法替他解了围；高杰惹恼了黄得功，黄得功要兴兵报复时，又是史可法替他收拾了烂摊子。高的妻子——亦即李自成的前妻邢氏——被史可法所感动，劝高杰听命于史可法；而高杰一向很听得进邢氏的话，从此唯史可法马首是瞻。阴差阳错，江北四镇中，史可法真正能指挥得动的，竟然就是高杰统领的这支无法无天的痞子军。

1645 年正月，高杰奉史可法之命率军北上，抵达河南归德——也就是晚明大才子侯方域的老家，任务是联合总兵许定国，作为江南的北方屏障。高杰和许定国曾共过事，但两人之间却有一段过节：高杰还在李自成帐下时，曾杀害过许定国的家人。当许定国听说高杰被任命为四镇之一时，气得破口大骂。此时，许定国已暗中降清，连儿子都送到清军营中做了人质。

就像大多数剽悍的军人往往都性情爽快，头脑简单，容易相信人并且更容易看不起人一样，高杰也是这驴脾气。在去许定国驻防的睢州城前，他的同僚越其杰劝他说："许定国有异心，你不能自投罗网。"但高杰从骨子里看不起许定国，既不认为他有可能作乱，更不认为他有作乱的胆子和能力。这样，他只带了几百人的卫队就到了许定国的地盘上。

许定国呢，早就给高杰挖好了坑。他表面上对高杰毕恭毕敬，暗地里却紧锣密鼓地调集军队。晚上，许定国找了许多妓女陪高杰一行喝酒。高杰的部下都是些酒色之徒，哪里见得娇滴滴的女人呢，一个个全都喝得烂醉。高杰本人也醉了，搂着两个妓女睡得昏天黑地。半夜，许定国一声令下，那些醉梦中的高杰部下，一个个都作了刀下之鬼。高杰提刀砍杀数人后，渐渐不支，被一群长枪手"攒聚杀之"。

许定国得手后，连夜出城北渡黄河投降清军（许定国后来也被收入了乾隆时期所修的《清史列传》的《贰臣传》）。第二天，高杰部将闻变，愤怒地杀入睢州城，许定国早跑得没影了。老百姓活该又当替罪羊，被杀得"老弱无子遗"。

史可法的计划是以主动地北伐代替被动地防守江南，高杰北上归德，就是北伐第一步。但高杰之死使这位孤掌难鸣的督师绝望至极，他流着眼泪说，"中原不可为矣"。于是，不顾谋士们反对，下令终止北伐，回师扬州，并在那座不祥的城市被清军所杀。史可法求仁得仁，算是不幸中的万幸。但偏安江南的南明，也就此失却了唯一可以依靠的屏障。它的覆灭，只是时间问题。

高杰死后，他心爱的女人邢氏下落如何，史书没有交代。不过，可以想象得到，在那种血雨腥风的乱世，一个失去了丈夫保护的女人，她的命运绝不会比一个怀抱珠宝走夜路的小朋友更好。

这个故事说明：

第一，当朝廷的主力部队，它对皇上的效忠，不是基于部队的义务和朝廷的掌控，而是基于某个官员的私恩时，这是某个官员的成功，却是朝廷和这支部队的最大失败。

第二，不要轻信利益面前的同僚，尤其是曾经和你有隙的同僚，他的美酒和佳人随时都可能变成凶猛的野兽，在你毫无防备时突然张口咬你。

夹缝里的
小臣

尽管明朝的官僚机构并不庞大臃肿，但从内阁到六部，再到都察院、大理寺、光禄寺和翰林院等中央机构，该有的部门也算应有尽有。每个部门从首长到次长再到下面的中层官吏和下辖机构头目，官员的数量非常可观。天子面前，皇城根下，到处都是大大小小的官员，像熊开元那样在官场上混了十多年，最高级别也只做到冷曹闲职，端的是不折不扣的有你不多无你不少的小臣。

历朝历代，京官和地方官的区别在于，京官因接近权力中枢而威权重，地方官因接触钱粮而油水多。当然，这其实是指做到了一定级别的京官和地方官。如果只是做一个不入流的小官的话，京官无疑是最惨的——他们既然没有身居要津而拥有出将入相的政治前途，自然就不会有多少地方官愿意向他们行贿，也不可能像地方上的小官那样——哪怕只是一个县令——能够因直接抓钱粮而损公肥私。于是，小京官往往只能靠有限的死工资苦苦支撑一家人捉襟见肘的生活。所以，如果有机会往上爬，就不仅是政治上的出路，也是改善一家人生活状况的终南捷径。

湖北嘉鱼人熊开元的仕途，一开始似乎还算顺利：他在天启五年高中进士后，几乎是按部就班地出任了崇明知县。因为干得好，被调到另一个比较重要的县份吴江继续当知县。崇祯四年，中央政府从优秀地方官中选调干部进京，熊开元很荣幸地被任命为吏科给事中。

虽说给事中和知县级别一样，但给事中是言官，吏科给事中相当于监督部门驻吏部的特派员，孰轻孰重，一望可知。公正地说，熊开元的言官做得还算合格——此前，宦官王化贞和名将熊廷弼两人皆因对后金作战失利而下在狱中，并判处死刑。但熊廷弼被处死后，王化贞的死刑却一直没有执行。王化贞的死党张应时等人不断上疏为王化贞喊冤，声称愿意代王去死。为此，熊开元上奏指出，王化贞家财万贯，自然有资本出钱买通其他官员为他说话。以前熊廷弼还没处死时，每次朝审王、熊二人，王的家人就拿钱雇人站在路旁，向熊投掷石头瓦块，痛骂他误国，同时感叹王化贞无辜，企图以这种伪造的民意来迷惑公众。熊开元认为，王化贞罪大恶极，理应立即处死。正是熊开元的奏章起了决定性作用，王化贞很快绑赴刑场。

通过自己的仗义执言，一个久系不决的误国昏官被明正典刑，我们可以想象得出熊开元此时的春风得意。然而，熊开元不会想到的是，这竟是他作为一个新晋言官的仕途巅峰——他很快就因另一些言官的失职而受到株连，连降两级并调往外地。这做梦也没想到的迎头一棒，不仅使熊开元的仕途山重水复，也使他的人生从此被改写。

熊开元拒绝履新。好在当时的官员考察不像今天这么严格。所以，过了一段时间，朝廷似乎想起了这个已经下野的言官，于是把他任命为山西按察司照磨。不久，调往中央，出任光禄寺监事（光禄寺负责祭祀与膳食）——前者是正九品，后者是从八品。

在官场摸爬滚打十来年，其他同年都升迁到了四五品的中高级职位时，熊开元却还得从帝国官僚金字塔的最底层重新往上爬。崇祯十三年，熊开元调任行人司任副职，这也只是个正八品的职务。当是时，此前因各种原因被降级降职的官员，正大批量地官复原职或提拔重用，但对已经探底多年的熊开元，朝廷却没有给他任何将要提拔的暗示或明示。这事情落到谁头上都会觉得窝囊，思来想去，熊开元打定主意：既然朝廷不关心我，那我就主动向朝廷靠拢吧。

当时的首辅乃状元出身的周延儒，熊开元亲自登门去拜访周，很真诚地向周讲述自己仕途上的困顿不得志，希望周延儒能够关照他一下。不成想，那天恰好周延儒有其他事情，他心不在焉地听熊说了几句，竟然抛下熊扬长而去——换在今天，其实也不难理解，你熊开元不过是个科长，周延儒却是首相，首相肯接见你，已经相当平易近人相当给你面子了，哪有那么多闲工夫听你倒苦水？不过，熊开元和熊开元时代的士大夫不会像我们这么善解官意，熊开元认定自己受了奇耻大辱，此仇不报，还有什么脸皮活在大明的阳光下呢？

熊开元很快就寻找到了报复的机会。当时，崇祯因国事日非，下令官员不分级别高低，均可直接向他提合理化建议。熊开元报了名，并在第二天进宫，面见崇祯。熊开元的本意，自然不是为了向崇祯提合理化建议，而是要在御前直陈周延儒的过失。

当熊开元被带进文昭阁时，他有些惊讶地看到，左右闲杂人等退下去后，内阁大臣们却留了下来——自然，他想要参一本的周延儒也在场。熊开元不敢当着周延儒的面揭发他，只得顾左右而言他，就他并不熟悉的军事问题胡乱扯了一通。过了十多天，熊开元还是不甘心，再次请求崇祯接见。崇祯这一次接见，仍然有包括周延儒在内的内阁辅臣在座。熊开元开门见山地说："《易》上说，君不密则失臣，臣不密则失身。请辅臣暂退。"

周延儒等人一听此话，纷纷请求回避，但崇祯不同意。熊开元这回豁出去了——不豁出去也不行，难道还像上次一样胡扯一通自己压根儿不懂的军事吗？熊开元问崇祯："陛下求治十五年，天下却越来越乱，这其中必定有缘故。"崇祯问他："到底是什么缘故呢？"熊开元说："现在的谋划，就是如何解决军饷和平定内忧外患，如果本末倒置，即便不停息，也不可能达到天下大治。陛下自从登基以来，先后用过的辅臣有十多个，不过是陛下说他们贤能，陛下左右的人说他们贤能罢了。至于其他官员和老百姓，则未必认为他们真的贤能。辅臣本来是皇上的心腹股肱，却任用得如此草率。这些庸人身居高位，相继为奸，造成的天灾人祸，至今没有终止的迹象。等到言官去揭发他们的罪状，再诛之斥之，就已经败坏到了不可收拾的地步了。"

崇祯听出熊开元话里有话，故意装糊涂，问他："你是不是有什么合适的人选要推荐？"熊开元回答没有，一边说，一边拿眼睛瞟着侍立一旁的周延儒。在场的几个人，就是用脚指头想一下也会明白熊的用意，周延儒只得主动向崇祯作自我批评，崇祯却大包大揽地说："天下不治都是我的错，与你有什么关系？"

事已至此，对熊开元来说，肯定是把周延儒给得罪了，那不如干脆把话挑明。他进一步向崇祯说："陛下要大臣实话实说，但是内阁辅臣站在旁边，谁敢冒风险发表不同意见？况且以前的辅臣奉行德政，释放囚犯，减免赋税，引用正人君子，只不过偶有不平的慨叹而已；而现在的辅臣横征暴敛，打击忠良。"接见结束时，崇祯知道熊开元还有话要讲，叫他写成书面意见呈上。

这下轮到周延儒为难了。他当初对熊的怠慢，未必就真的是故意拿大，但熊开元已经豁出去闹到御前跟自己叫板，要收拾他当然不是难事，可难的是如何制止熊将要向皇上递交的奏章。

为此，周延儒就危机公关做了两件事。一是釜底抽薪，他派心腹孙晋和冯元飙等人去给熊开元做工作，说服熊开元不再与周延儒为难；一是未雨绸缪，他向崇祯诉苦，说自己在工作中由于坚持原则，得罪了不少小人，小人们寻机报复的事时有发生。

这样，熊开元按崇祯要求递交的奏章东拉西扯，吞吞吐吐，没有任何具体的事实，与他在崇祯面前的慷慨激愤判若云泥。本来就被清军的不断骚扰弄得烦恼不堪的崇祯一看这奏章，气不打一处来，这不没事找抽吗？大怒之下的崇祯下令把熊开元打入锦衣卫狱中严办。

熊开元这个倒霉的小京官，为了一官半职的进步，不惜与首辅为敌，现在，终于尝到厉害了。尽管锦衣卫首领骆养性是他的同乡，且与周延儒有隙，因而对熊开元网开一面，但骆的行为，立即遭到了崇祯的严厉斥责。骆养性不敢再袒护他，不得不刑讯逼供，要熊开元按崇祯定性的那样，供出事实上根本不存在的党派之争的主谋。

熊开元攻击周延儒，不过是一时的意气之争，哪有什么主谋呢？他认定，这一切都是周延儒做的手脚，索性大量揭发周延儒的隐私。可惜，这时候崇祯根本不相信他的揭发了——他在该揭发的时候没揭发，不该揭发的时候才揭发，晚了。崇祯和其他人都理所当然地认为他此时的所谓揭发，不过是构陷与诬蔑，是一条气急败坏的疯狗在狂吠。

晚明时期，政坛上最盛行的就是党派之争。从某种意义上讲，正是党派之争使这个帝国伤筋动骨，整成一个病入膏肓的病秧子。毕生以精明自诩的崇祯最愤怒的也是无休止的党争，现在，他以为拿住了熊开元，正好以他为鸡，杀给那些溺于党争的猴看——熊开元在被处以廷杖的酷刑后长期押在狱中，尽管有多名官员出面为他说话，认为他罪不至此，但崇祯坚决不肯放他出去。后来，甚至当刑部提出拟对熊开元赎徒——也就是出钱赎刑时，崇祯仍然不许。直到甲申年正月，崇祯才作出将熊开元流放杭州的最后判决。这一判决使熊开元在甲申年那个黄沙弥漫、农民军进逼京师的春天离开了火药桶般的首都。或许，这又是一种幸运。

明亡后，熊开元曾在唐王手下做过短时间的工科左给事中和左佥都御史——后者是正四品级别，算是熊毕生仕途的顶点。可惜，他所供职的唐王政府，其能够号令的范围大抵不出福建一带，时间上也短得如同昙花一现。清军攻灭唐王后，熊开元在苏州出家终老。

这个故事说明：

第一，在高管和普通员工之间，哪怕老板早已对高管不满，但在公开场合，仍然会站在高管一边，为高管说话。这不是老板依然相信高管，而是基于面子做出的一种姿态。这种姿态意在说明，老板所领导的班子是团结的，其道德品质也是从下到上呈升阶排列的。

第二，在老板和高管这种巨大的岩石夹缝中，哪怕只是一棵小草，也得学会如何扭曲自己才能生存，且一旦扭曲的角度与夹缝的空间不吻合，即使扭曲了也白搭。

小官员
如何影响
大帝国

　　顾宪成被革去吏部文选司郎中（专管官吏部门的官员），是万历二十二年（1594）春天的事。这年，这位江南才子出身的官员正是年富力强的年纪——44岁。对这突如其来的革职，顾宪成其实早有思想准备。在彼时的官场，这个毕生只当过中下级官员的狂狷之士，乃是一个并不多见的异数：他尖锐的处世原则，他过于追求高洁的政治理想，都决定了他的仕途必将荆棘密布，难以远行。

　　顾宪成是万历八年（1580）进士，之后，即被任命为户部主事。但十多年官场打拼，他当年的同年都升迁到了副部级甚至部级高位时，他却只爬到了司级的郎中就徘徊不前了。

从一件当时京官们茶余饭后当作谈资的小事，可以看出顾宪成特立独行的个性：张居正当政时，权倾朝野，官员们即便不依附他，也绝不会得罪他。有一次，张居正偶染疾病，在京的官员们按照惯例写了一篇给上天的祷文，为张祈福。顾宪成却拒绝签名。他的同事怕他的任性会招来张的怨恨，好心替他签上。但顾宪成得知后，坚持把自己的名字抹去才罢休。

事实上，不仅对像张居正这样炙手可热的一人之下万人之上的首辅，顾宪成没有当成多大一回事，即便是对他的皇帝老板，顾宪成也经常毫不留情地予以极其严厉的批评。当万历为了立他心爱的郑贵妃的儿子为太子，不惜违反祖制，十多年时间里，坚持不立长子时，顾宪成就上过一道著名的奏章，反复给万历讲朱元璋定下的"东宫不待嫡，元子不并封"的祖制。至于这种不留情面的批评，到底会给自己的仕途布下多少绊脚石，顾宪成似乎从来就没考虑过。

《明史》称顾宪成："姿性绝人，幼即有志圣学。"从他的言行和留下的著作看，他的确是一个担当儒家道义的具有强烈使命感的人。这种使命感既使他的官场经历几乎乏善可陈，也使他在三百年之后，当他同时代那些品级显赫的一二品大员早已灰飞烟灭时，他的名字仍然留在后人的记忆中。

王锡爵是万历朝最受宠信的重臣，他受万历宠信的一大原因，是他在几乎全体大臣都反对万历企图废长立幼时，别出心裁地提出了三王并封的折中办法，以便为万历的企图开创一条通幽的曲径。

论级别，王锡爵相当于首相，顾宪成只是吏部的中层。王锡爵早就对顾宪成之类的清流看不惯，有一次，两人聊天，王锡爵别有用心地说："现在最怪的事情是，朝廷认为对的，外人一定认为不对；朝廷认为不对的，外人一定认为对。"意思很明显，就是责怪顾宪成这样的官员不替政府说话，反而站到了民间立场。

对此，顾宪成针锋相对地说："我看应该这样说才对，外人认为对的，朝廷一定认为不对；外人认为不对的，朝廷一定认为对。"

这样的回答会给领导留下什么印象，对顾宪成今后的进步又会产生怎样的影响，那是和尚头上的虱子，明摆着的事情。

所以，顾宪成仅仅因为在皇帝要求吏部推荐一名内阁大臣时，不合时宜地推荐了大学士王家屏，而王家屏偏偏又是万历不待见的主儿，不但推荐的人没上去，顾自己也因这不合时宜的推荐而意外地惹得龙颜大怒，卷起铺盖回了他的老家无锡。

对于被撤职，顾宪成并不是太郁闷：一方面，他对蝇营狗苟的仕途已经丧失了兴趣；另一方面，他希望用其他方式来影响这个积重难返的老大帝国。并且，他深信，这其他方式将比在朝廷当一个中层官吏甚至高级官吏更为有效，也更为长远。

这个其他方式就是利用我们后来所知道的东林书院制造舆论。

东林书院位于顾宪成的老家无锡东门，几进楼台掩映在森森乔木中。当年讲学的依庸堂上，至今还悬挂着那副著名的对联：风声雨声读书声声声入耳，家事国事天下事事事关心。

作为清流派代表，在野的顾宪成打算以舆论的方式影响朝廷。——在古代，对民众更具真实影响力的，往往并非朝廷或朝廷官员，而是那些在野的或处于闲职的官员。他们被认为是清流，是时代的良心。他们在野或闲职的身份，使得其意见反而更容易被民众认为是站在了公正公平的立场，他们本人因而也更容易成为左右民意的意见领袖。

后来，人们把聚集于顾宪成、高攀龙等人旗下的知识分子称为东林党人，其实，在视朋党为奸邪的古代中国，这个称呼深具贬义。不过，把东林书院看作是东林党人的黄埔军校，却是非常贴切的。名义上，东林书院是以讲学——也就是讲解孔孟之道，讲授四书五经——为宗旨，但事实上，在讲学之余甚至讲学之中，主讲的顾宪成和他的弟弟顾允成以及高攀龙等人，时常会理论联系实际。

顾宪成自称忧世成癖，他向前来听课的士子们宣称："时局种种可忧，真如抱薪于郁火之上，特未及燃耳。"高攀龙则在讲课时惊呼："民不聊生，大乱将作矣。"有一次，顾宪成为士子们讲《诗经》，讲着讲着，话题转而批评时政，说到激动处，六十岁的顾宪成老泪纵横，哽咽着再也说不下去了；听众则须发皆张，涕泗滂沱。

这种激动人心的场面在东林书院里时常可见。从书院开张那一天起，集合在东林旗下的文人就从来没有只停留于学术和文章的探索，他们更关心的其实是时局和政府，并对艰难时局下如何救亡图存发出大多数时候都与朝廷相左的声音。

东林党所彰显的特立独行的士大夫精神，吸引了大批士子前来依附。大浪之下，泥沙俱至，其中自然有真正忧国忧民的正直之士，但也不乏投机取巧、企图以东林为跳板的奸猾之徒。史载"抱道忤时者，率退处林野，闻风响附""附丽东林之徒，贪狡不肖者，亦出其中"。哪怕一个组织严密的现代政党，也无法保证它的成员完全纯洁，更何况一个以讲学相号召的、差不多只是一个俱乐部式的政治组织呢？东林党人员构成的复杂性，给晚明东林党与阉党和其他帮派之间的争斗，埋下了一大伏笔。

以东林党创始人和精神领袖的身份，顾宪成看到了东林党影响的日益扩大，也实现了他以一个被撤职的小官员身份，通过舆论从精神层面来影响这个大帝国的理想。但东林党真正成为一支政治力量进军政坛，顾宪成并没有等到。顾宪成去世八年后，天启继位，东林党人杨涟厕身顾命大臣之列。当年和次年，一大批东林党人登上政治舞台，东林势力把持了朝廷中绝大多数的重要部门。

然而，就像多年前顾宪成痛心疾首批评过的那样，他的这些打着东林党旗号，把他奉为精神领袖的追随者们在拥有了梦寐以求的权力后，首先要干的并不是顾宪成千百次号召过的挽国势于狂澜之既倒，而是党同伐异，大力打击那些持不同政见者。这些被东林党打击者为图自保，纷纷投入到刚刚兴起的阉党魏忠贤门下。当大明的官员站队似的要么选择东林党，要么选择阉党时，这个国家最核心的事情已经不是救亡图存，而是如何消灭政敌。这场马拉松般的党派斗争，将一直持续到这个享国两百多年的朝代"寿终正寝"。

这个故事说明：

第一，在小官员也能够影响大帝国的时代，意味着知识分子还没有被强奸或阉割，强权也没有蜕化成为所欲为的暴政。

第二，生逢乱世，政治理想常常给自己和整个国家带来灾难，同样的灾难，并不会因为这是理想的灾难而让人觉得舒服一些。

大明最后
一个循吏

　　司马迁老师的《史记》被后世史家们视为一座不可逾越的巅峰，其中一个重要原因，是他老人家天才地创造了许多体例，这些体例都顺理成章地成为后人写史必不可少的典范，比如《循吏列传》即其一。

　　从《史记》首创《循吏列传》伊始，几乎后来的所有史书都要像《史记》那样，专门为循吏辟出一个章节，以便将他们的感人事迹尽可能富于感召力地记录下来。这样做的原因大概有两方面：一方面是《史记》影响巨大，后人不能不见贤思齐；另一方面是历代对循吏高度认可。说白了，不管天子姓刘姓朱，说汉语还是满语，都需要循吏的榜样作用来带动其他官员，使他们更加勤勉地工作，以达到天下大治、万世一系的目的。

中国有几千年的家天下历史，其实，家天下也并非如同后来的黄宗羲等人批驳的那样一无是处。家天下的最大好处是，因为江山是一家一姓的，产权明晰，从主观上讲，任何一个心智正常的皇帝都不可能有意把自家的天下搞乱，把自家的王朝搞垮。这就好比只有单一老板的私企，较之于有众多股东的股份制企业，经营者往往会更上进更努力一样。

循吏是什么呢？一言以蔽之，就是好官。什么样的人才称得上循吏呢？司马迁的标准高度浓缩为四个字——"奉职循理"。后来班固在此基础上作了稍微详尽的发挥，循吏的标准被概括为"谨身帅先，居以廉平，不至于严，而民从化"。这些概念性的东西可能今天的读者看上去很空洞。幸好，自《史记》以来的史书，都为我们留下了较为生动的循吏事迹，因此也就不难从这些事迹中抽取其共性。

要而言之，循吏的共同之处不外乎重视农业，狠抓教化，公平执法。这个标准看上去似乎没有多大难处，历史上的循吏一定会很多。但你错了，司马迁认为在他的《史记》所涉及的两千年时间里，够得上循吏标准的不过 5 个人；而在班固的《汉书》中，被视为循吏并名垂史册的，也不过 6 个人。大明享国近三百年，《循吏传》收录的官员，也只有 50 个人。也就是说，普天下官员虽然多如过江之鲫，但真正能跨过这根看上去似乎并不高的标杆者，可谓寥若晨星。

从一定意义上讲，一个时代涌现的循吏越多，则这个时代越是接近盛世或就是盛世。反之，一个时代循吏如同史前动物一样绝迹，则这个时代虽然不一定就是乱世，但至少也在乱世的隔壁。明朝的 50 名循吏，大多涌现在帝国如日中天的上升时期，也就是洪武和永乐两朝。至于被视为晚明的万历、天启和崇祯三朝，漫长的半个多世纪里，循吏仅有一个，那就是大明最后一个循吏陈幼学。

陈幼学是江苏无锡人，万历十七年（1589）中进士后授确山知县，此后曾上调朝廷做过刑部主事和郎中，之后再下派到浙江任湖州知府。晚年虽被任命为太常少卿（太常寺的次长，太常寺负责宗庙祭祀、礼乐及文教），但并未赴任。他的主要政绩，都是在县官和州官任上所为。用循吏标准考察陈幼学，他主要干了以下工作：

其一，发展生产。中国一直是个农业社会，"三农"问题历朝历代都存在，而大明晚年尤甚。作为基层官员，陈幼学力图通过一系列重农政策来发展生产。这些重农政策主要是兴修水利、开垦荒地和治理蝗灾。

兴修水利方面。他所辖境内有一大泽，淹没的都是良田沃土，历任县官对此熟视无睹。他上任后，组织人力疏通河道，修建水渠，由此增加了大面积的耕地。

开垦荒地方面。县城南面有一块多草的荒地，陈幼学下令，凡是迁移到本县的民众，每人必须交十斤杂草。不久之后，那片荒地就成了良田。

治理蝗灾方面。农业时代，蝗灾是最可怕的灾难之一，地处中原的河南偏偏又是蝗灾多发地。陈幼学调任中牟知县时，正好遇上一场前所未有的蝗灾，他积极应对，组织吏民灭蝗，竟然捕获蝗虫1300余石。

其二，保障民生。对那些贫困得置办不起耕牛和纺车，从而无从耕织的农民，陈幼学用政府采购的方式准备了500多头牛和800余辆纺车，无偿提供给农民。

住房难不仅今天是个问题，在陈幼学的晚明，也是社会不稳定因素之一。为此，他修建了房屋1200余间，分配给贫民居住。又建了80间公房，充当公务人员小区。中牟县的城墙是泥土所筑，又矮又破。有一年碰上饥荒，饥民遍野，陈幼学组织饥民修补城墙，每人发给粮食，既解决了修建城墙的资金，也赈济了饥民，一举两得。

确山知县任上，他在丰年时出面囤积粮食，其数目在1.2万石以上，作为这个县的粮食储备，以备荒年和灾年所需。湖州知府任上，有一年淫雨数月，庄稼尽死，幸好陈幼学有多年以来积累的储粮赈灾经验，他以此救活了饥民30余万人。

其三，公正执法。中国人向来都有清官情结，但对清官津津乐道，视为再生父母的热情，反过来证明了清官的稀缺和贪官的泛滥。清官最被民众看重的一点，就是他们能够公正执法——一般而言，就是在豪门权贵与普通百姓发生摩擦时，清官能够站在公正的立场来处理。

这一点，著名清官海瑞矫枉过正，做得很极端。他说过一段著名的话，意思是说，凡是在官司中遇到疑惑不能断的地方，与其委屈做兄长的，不如委屈做弟弟的；与其委屈做叔伯的，不如委屈做子侄的；与其委屈穷人，不如委屈富人；与其委屈忠厚的，不如委屈刁钻的。

但年岁小的、辈分低的、银子多的、性格奸的，是否就一定比年岁大的、辈分高的、银子少的、性格憨的先天地沾染了更多的原罪呢？海瑞没有深究。

幸好，与海瑞的这种偏执相比，陈幼学虽然也大体秉承这种清官断案传统，与其屈穷人，不如屈富人，但他至少没有走得海瑞那样远——真理再前进一步，有时就真的成了谬误。

陈幼学任湖州知府，"甫至，即捕杀豪恶奴"——也就是下车伊始，立马严打。一个叫施敏的官家子弟，横行乡里，陈幼学将其下狱后，施的家人四下活动，打通了陈幼学上司的关节。陈的上司派人来湖州，要求把施敏押到省里，由他亲自审理。但陈幼学不买账，将施敏立即就地正法。这种事情放在今天完全不可想象。这无论从法律层面还是官场层面，都是毫无道理的。但在彼时环境里，陈幼学这种行为反而值得称道。称道的理由只有一个：他之所以杀施敏，不是因为个人恩怨，而是为了辖区安宁。

陈幼学的政绩生动至极，都是不争的事实。但事实证明，他的做派受到民众拥戴的同时，却遭到了官员们的集体反感与排挤。中牟知县任上，正逢朝廷派员考核，负责考核他的掌道御史"拟斥之"，相当于给他的考核评个不合格。幸好，这个御史的儿子是个明白人，他告诉其父说："我从中牟来，人人都说中牟治理得再也找不出第二个。现在您打算把陈幼学评为最差，这是什么原因呢？"御史其实没原因，硬要找原因的话，仅仅因为他对陈幼学这种一尘不染的官员看不惯。——在一个官员乐于自污，并通过自污获得好处的年代，旁人的清洁不但不合时宜，而且必须除之而后快。

从随时可能成为饿殍的草根到创立一代王朝的开国之君，朱元璋是个明白人，他知道循吏对帝国有着何等重要的作用，因而非常看重地方官员在学校和农桑两方面的政绩——考察历史，循吏在这两方面一般都做得无可挑剔。洪武五年（1372），他下诏考核地方官，日照知县马亮在督运方面成绩显赫，但课农兴士却乏善可陈，当即遭朱元璋免职。

然而，如前所述，当大明帝国从它的勃兴渐渐走向中庸和衰亡时，洪武和永乐时代寻常可见的循吏便有如惨遭围剿的珍稀动物，一日稀于一日了。循吏的稀缺，反证的是庸官和坏官已成为官员中的嚣张的大多数。朱元璋当年为了塑造循吏，在接见州县官员时总是苦口婆心地给他们洗脑，说什么"惟廉者能约己而爱人，贪者必朘人以肥己"。在循吏渐渐稀少的晚明时代，太祖的这些最高旨意，只不过是文件里了无生气的一个个汉字而已，与当时官员的为官之道和为人之道，如同两条永远不会交叉的平行线。

　　州县官员直接与老百姓打交道，重要性不言而喻。历代史书都用花团锦簇的文字表彰循吏，大约是史官们想给后来的官员树立些可以学习的典型。然而，当循吏稀若晨星、庸官坏官却层出不穷，当老百姓不得不在庸官坏官的奴役和压榨下艰难地讨生活，当老百姓进而把庸官和坏官视作朝廷的象征，这个国家就已经注定没了生机和前途。因而，晚明天下大乱，一大征兆就是多如过江之鲫的官员中，再也找不到几个可资说道的循吏。

　　这个故事说明：

　　第一，大多数时候，官员们可能还是希望做个好官，或者说循吏的。但如果做好官的风险和成本太大，而做庸官坏官又具有强烈的物质诱惑时，人性中趋利避害的本能就会决定他们将前仆后继地加入到庸官和坏官的行列。

第二，有个毕生行善的善人，死后如愿到了天堂。天堂里很冷清，只有他和上帝两个人。吃饭时，上帝很抱歉地给他发了两块饼干。善人一边吃饼干，一边用望远镜往地狱里眺望，他吃惊地发现地狱里人头攒动，都在大吃大喝。善人很不满地质问上帝，上帝无奈地解释说："天堂里就你我两个，实在是没办法像他们那样办宴席啊。"在大多数时代，循吏就像这个陪伴在上帝面前的善人，孤独而又失落。所以，循吏和坏官需要的都是勇气——循吏需要的是耐得住寂寞的勇气，坏官需要的是敢于把良知随手扔进垃圾堆的勇气。

才子是
一种有毒
的花

甲申年三月十九日凌晨，大明末帝崇祯在京师煤山自缢身死。两天后，这具披头散发、只有一只脚穿了袜子的尸首被李自成农民军找到，草草安放在东华门外的一副原本用来安葬穷人的薄皮柳木棺中。刚刚亡国丧君的大明臣工们面对他们圣上的遗体，其表现耐人寻味：痛哭得以头抢地的只有一个人，是一个姓刘的主事；哭拜者三十人；礼节性地拜了几拜而无泪可洒者六十人；其余的则"睥睨过之"——斜着眼睛，晃一眼就飘过。在占大多数的"睥睨过之"者中，最过分的当数一个叫周钟的庶吉士。此人数次从先帝遗体前经过，不仅不拜不哭，竟然连马也不下，径直打马而去。

庶吉士这个职务，隶属翰林院，品级不算高，却是皇帝近侍，即老板身边的人。明代有不少尚书和大学士，都是庶吉士出身，所以，明朝通常把庶吉士看作是朝廷高级官员的储备人才。既然是皇帝近侍，照理说和崇祯多少有些亲密关系，可周钟的表现不仅令当时士民齿冷，也令后来读史者摇头。

周钟乃南直隶金坛人，生长于人文荟萃的江南，从小就被人目为才子。众所周知，复社是晚明时才子济济的大社团，周钟就曾为复社之长，是当时江南的文坛领袖。照理说，饱读圣贤之书、以儒家道统为行事准则的才子，应该比普通民众更多一份忠诚。但在周钟身上，却恰好相反。

周钟在彼时的名气很大，连李自成的智囊牛金星对他也是深慕其名。当魏藻德等一批故明高官削尖了脑袋想在李自成新政权中混个一官半职时，牛金星主动向李自成推荐了才子周钟。牛金星为了给新政权制造舆论，请周钟写了两篇文章，一篇是《士见危授命论》，牛揽卷读之，大为赞叹，周钟也到处吹嘘："牛老师对我真有知遇之恩啊。"另一篇则是给李自成上的劝进表，也就是以天下黎民代表的身份，劝李自成早日登基做皇帝。

这篇劝进表中，周钟对李自成极尽吹捧之能事，认为李自成"比尧舜而多武功，迈汤武而无惭德"——这个两个月前还被官府通缉、被称为流贼的农民领袖，在周钟看来，其文治武功已经超越了历代君王的典范——尧、舜、商汤和周武王；另一方面，他又批判两个月前他还叩头口称圣上的崇祯乃是独夫。

有人对周钟说，李自成杀人太多，恐怕难以成事。周钟轻描淡写地说："想当年，咱们的太祖高皇帝不也是一样吗？"这种处处维护新政权的自觉行为，自然很能搔到新政权要员们的痒处。周钟在新政权的如鱼得水，引来了昔日同僚们的艳羡和模仿。另一名才子中允梁兆阳在晋见李自成时，迫不及待地称尸骨未寒的崇祯"刚愎自用，故君臣血脉不通，以致万民涂炭"。至于李自成这个不修边幅的粗豪汉子，梁当众吹捧说他"救民水火，神武不杀，比隆尧舜，汤武不足道也"。——比周钟的吹捧又进了一步，周钟认为李自成和商汤、周武王是一个级别的圣君，梁兆阳则认为商汤、周武王和李自成比起来，简直不在一个层次。

我们虽然并不认为那些在崇祯自缢之后，也跟着举家自杀的臣子真的就值得效仿，但像周钟这样猴急地丑诋旧主子而讨新主子欢心的做法，确实让人替这些才子们感到惋惜——我们只好在才子前面加上两个字：无行。

京师的无行才子们举措若此，远在千里之外的陪都南京的才子们，其情其景，也相差无几。当时，南京城里最负才华的——他们的才华和对后世的影响，远在周钟和梁兆阳数倍之上，当数阮大铖和钱谦益以及王铎。阮大铖是著名的戏曲家，不但创作了多个精彩的剧本，在表演方面也相当老练。与阮势不两立的东林子弟们曾在观看阮创作的戏曲时，一面赞叹其才华，一面大骂其人品。这有点像小时候读《三国》，很不爽的是武功最高的竟然是人品低下的吕布。

阮大铖因早年曾是魏忠贤的小兄弟而被东林党人狠咬不放，罢官多年。当大明倾覆，史可法等人在南京建立南明偏安小朝廷时，他得到铁哥们马士英的力荐，得以复出做官。值此金瓯残缺、君父横死的国难之际，新上台的阮大铖要干的不是励精图治，而是打击报复当年修理过他的东林党人及其子弟。于是乎，拥有半壁江山的弘光政权在这种内耗之下，竟然只维持了短短一年多即宣告倒台。这其中，无行才子们的折腾功不可没——得以长驱直入、势如破竹的清军真应该感谢他们。阮大铖在南京陷落后向清军投降，在清方的庆功宴上，他亲自粉墨登场，博得清军将领们哄堂大笑，这个才子也乐不可支。

至于钱谦益，那是晚明时期公认的全国文坛领袖。黄宗羲曾认为，钱谦益乃是王世贞之后明代最伟大的学者。有一年，他家的藏书楼遭遇火灾，他望着大火大喊："你能烧掉我楼上藏的书，烧不掉我肚子里藏的书。"他那个红颜伴白发的老婆，就是大名鼎鼎的柳如是。阮大铖把持弘光朝政柄后，钱谦益利用柳如是与阮大铖早年的关系，谋得礼部尚书之职。南京城破，柳如是劝丈夫自尽殉国，钱谦益"谢以不能"。柳如是再三劝说，钱谦益才咬咬牙跳入水池。只一会儿工夫，他又爬上岸来说池水太冷。——与此相映成趣的是另一个才子龚鼎孳，甲申之变后，他逢人便称："我本打算殉国，无奈我的小妾不同意。"

此后不久，豫王多铎下江南，令全国剃发，一时间群情汹汹。一日，众人坐议剃发事，钱谦益忽然站起来说："我的头皮痒得很。"众人都以为他梳头去了，一会儿他回来时，众人才惊讶地发现，他竟然已经按照清政府的要求剃掉了自己的头发，脑袋后面拖着一根花白的长辫子。入清后，钱谦益曾任《明史》副总裁，用他深厚的文字功底，为新政权效命。耐人寻味的是，在乾隆时期编撰的深具贬义的《贰臣传》中，他也榜上有名。

与励精图治却不幸亡国横死的崇祯相比，南京小朝廷的继承者弘光是一个不折不扣的酒色之徒，只知道喝酒看戏搞女人。有一年，他亲自撰写了一副对联，令大学士，也是至今还影响甚巨的大书法家王铎书写，这副对联写道：万事不如杯在手，一年几见月当头。假如这副对联出自落拓无行的文人，我们庶几可以付之一笑，然而出自身负中兴大任的君王，我们即便想笑也笑不出来了。

晚明的中国，天下并不缺才华与机智，但这种才华与机智皆不过是为一己之私而谋的小才华与小机智，缺的是高屋建瓴的为国谋为天下谋的大才华与大机智。在利益的笑脸与杀戮的屠刀这种胡萝卜加大棒的新政权高压下，小才华与小机智不但与救亡图存毫不相干，它们几乎无一例外地用在了官吏自己的官帽、自己的私欲之上，甚至，它还加速了残汤剩水的小朝廷的覆灭进程。从周钟到阮大铖，从钱谦益到王铎，他们都是晚明最杰出的才子，但这些才子类似罂粟——好看，但有毒。

这个故事说明：

第一，才华与人品之间没有成正比的函数关系，才华出众并不意味着人品相对高尚。

第二，如同河豚味美、罂粟入药一样，去掉了才子身上的人品道德，他们的才还是值得我们欣赏的。不过，联想到他们的为人，总有种在厕所里吃海鲜的古怪之感。

覆巢之下的
丑星

 话题得从康熙七年，也就是 1668 年说起。这一年，距明清易代已经过去二十四个年头了。这一年，小品文作家张潮在南京的一个饭局上，认识了一个已经 82 岁高龄的老头。这个老头之所以引起著名作家张潮的特别兴趣，不仅在于他编选的《虞初新志》里就有一篇写这个老头的文章，更在于这个老头三四十年来一直是当时娱乐界（如果有的话）的不倒翁。当时，也许有人不知道京城里坐龙椅的皇帝姓甚名谁，却不可能不知道这个老者的名字——明清之际的大文人如黄宗羲、吴伟业、陈维崧等人，都曾为这个老头写过诗文；至于比黄、吴、陈等人晚了两代的孔尚任，虽然没有机会亲眼见到这个糟老头，倒一点也不影响他的浓烈兴趣：他把老头写进了不朽的剧作《桃花扇》。

这个糟老头，就是曾经名动江南的说书人柳敬亭。

就娱乐来说，与今天相比，明代的确乏善可陈，既没有网络，也没有影视，虽然可以免去上网费和耳朵被乱七八糟的广告强行插入，但所有的夜晚都会变得更加漫长——当然可以吃花酒，但那不是一般人能够天天消费得起的。比较平民化和普及化的娱乐，似乎只有两种，一是看戏，一是听书。而柳敬亭，在黄宗羲看来，那是自宋代以来最优秀的说书艺人。

柳敬亭不但是男的，而且还是丑男。曾多次听过他说书、与他有过近距离接触的公子哥儿张岱说他长得脸色土黄，布满疙瘩，"悠悠忽忽，土木形骸"，人送外号柳麻子。即便说书不像表演那样，需要帅哥美女，但柳敬亭这尊容，也真有点对不起观众。所以，他是当时不折不扣的丑星。幸好，就像阿里巴巴的马云老师说的那样，男人的长相和智商成反比。长相只能得二十分的柳敬亭，他的智商至少有一百五十。

柳敬亭并不姓柳，年轻时曾是个酷爱打架斗殴的问题青年，后来获罪于官府，偶然间得以逃脱。迫于无以谋生，不得不走上了说书之路——那年头演艺明星的社会地位相当低下，被称为戏子、伶人，子孙连参加科考的资格都没有。

不比今天，两部戏演得好，一下子就成成功人士兼人生赢家了。

关于柳敬亭的成才之路，黄宗羲的记述最详实。他说，最早建议柳敬亭说书的，是一个姓莫的士子。莫士子告诉柳敬亭：说书虽然是雕虫小技，但也必须勾画人物性情，熟悉世相风俗，只有达到优孟那种境界，才可能出人头地。柳敬亭然其说，退而揣摩练习。一个月后，柳敬亭前往见莫，莫听了他说书，评价说："你说书已经能使听众感到快乐了。"再一个月后，莫的评价是："你已经能使听者慷慨流涕了。"又一个月后，柳敬亭刚见到莫，莫就感叹："你还一言未发，但你的哀乐已经从神情之中表露出来了，使人之性情不能自主，盖进乎技矣。"从这些记述来看，柳敬亭从一个逃亡的罪犯蜕变为一个优秀的说书人，竟然只花了三个月时间。其天赋之高，确乎匪夷所思。

此后，柳敬亭辗转于江浙，在杭州、扬州和南京这些烟柳繁盛之地说书。他的天才表演给他赢得了大批铁杆粉丝，一时间名动天下。他在南京时，每天只说一场书，邀请者必须十天之前预约，预约时先付定金一两。与现在的明星动不动就要在台上要求观众给点掌声或是套近乎不同，柳敬亭说书时，观众必须屏息静坐，侧耳倾听，一旦有人交头接耳或是伸腰露倦容，他立即停下不说。至于其说书艺术，黄宗羲的说法是："每发一声，使人闻之，或如刀剑铁骑，飒然浮空；或如风号雨泣，鸟悲兽骇。亡国之恨顿生，檀板之声无色。"

当然，如果柳敬亭仅仅是说书出色，那也不值得黄宗羲这种大宗师级别的文人为他作文鼓吹。柳敬亭之所以成为受人追捧的柳敬亭，不仅在于他是杰出的说书艺术家，更在于他因为天才的说书艺术而成为明清更替之际诸多重大史事的见证者，甚至参与者。

阮大铖避居南京时，柳敬亭曾是其座上客，阮亦有大才，惺惺相惜在所难免。但是，当柳敬亭从东林党人的《留都防乱揭帖》中得知阮曾依附阉党并与清流为敌后，旋与其断交。这一点，最为东林党人所赞赏。宁南侯左良玉，既是崇祯时期长期与农民军作战的几个重要将领之一，也是南明时期拥兵自重的大军阀之一，同时，他还是柳敬亭的骨灰级粉丝之一。当安徽提督杜宏域为讨好左良玉而把柳敬亭郑重介绍给他时，左良玉大有相见恨晚之感。柳敬亭说书之余，左良玉甚至"使参机密"——就是让他介入军国大事。

左良玉是个大老粗，大老粗的特点有二，一是粗鄙，二是直爽。粗鄙与直爽决定了他们看人常常是非此即彼的二元论——既然你柳老师说书都这般厉害，那军国大事也一定略知一二。当时，左良玉屯兵江北，他统率的部队数量最多，战斗力也相对较强，南明政府——包括与他势不两立的马士英和阮大铖——都对他忌惮三分。当柳敬亭代表左良玉前往南京办事时，包括首辅在内的高级官员都对他优礼有加，客气地称呼这个游走江湖的说书人为柳将军。柳敬亭的过人之处就在于，他能够"无所不安也"。当年曾与柳敬亭一起厮混的市井闲汉，纷纷道旁私语："看，这就是当年和我们一起说书的，现在混得这样厉害了。"

然而世事无常，很快，左良玉病死，其子左梦庚率部投降清军，柳敬亭失去了这座强大的靠山，于是又从柳将军变成了柳麻子，继续奔走江湖，依靠三寸不烂之舌讨生活。不过，这段军旅生活并非黄粱一梦，它给柳敬亭积累了不可多得的素材："敬亭既在军中久，其豪猾大侠、杀人亡命、流离遇合、破家失国之事，无不身亲见之，且五方土音，乡俗好尚，习见习闻。"

晚年柳敬亭的说书艺术更趋化境，然而，最令时人和后人感动的是，他每次忆起当年在左营中的岁月时，犹自泫然涕下。侯方域曾写过雪苑（今河南归德）的一个叫吴清的老艺人，此人甲申之变前曾是归德一带的大明星，他对侯方域说起当年的荣华富贵时声称："人擅《白雪》，每发一声，则缠头之赠，金钱委积。"——只因唱一曲《白雪》，便可获得大把大把的金银。然经此巨变，不仅江山易主，吴清也从一个有地位有身份的明星，暴跌为一个"鬓白如丝，贫无依倚"，只得给一个姓陈的将军教其家中小戏班糊口的朽木之人。

不过，柳敬亭与吴清易代前后物质生活的巨大落差不同。入清后，柳敬亭仍然是诸多王公贵族争相邀请的当红大明星，他的粉丝不但没有因易代而减少，反而因自己名气更大、技艺更精而有所增加。也就是说，和吴清完全不一样，清代明，柳敬亭的艺术和收入都没有受损。但是，这个满面麻子的说书人却再也快乐不起来了，他在郁郁寡欢之中送走了自己的后半生。因为对他来说，前半生的快乐恰好需要后半生的痛苦来对称。他属于那个业已消逝了的时代，就像茨威格在自杀前宣称"在我自己的语言所通行的世界对我来说业已沦亡，和我精神上的故乡欧洲业已自我毁灭之后，我再也没有地方可以从头开始重建我的生活了"一样，入清后的柳敬亭也同样是无根的浮萍，唯有在漂泊和回忆中，他才能触摸到欲说还休的从前。

这个故事说明：

第一，当明星还叫作戏子或伶人的时候，他们更多一份忧时伤世的情怀；那时候，他们最看重的不是出镜率或出场费，而是一种叫江山和气节的易碎品。

第二，古人早说过，国家大事乃肉食者谋之，柳麻子放着明星不好好混，偏要跑去爱人家的国，乃是因为出身底层的柳麻子不知道，江山就像皇帝的女人，不是谁都可以爱的，爱错了，就要出大问题。

风流才子的
追悔

"梨花似雪草如烟，春在秦淮两岸边；一带妆楼临水盖，家家粉影照婵娟。"甲申之变数十载后，一个叫孔尚任的剧作家在他流传千古的名作《桃花扇》里，用这首柔美纤巧的诗描述了他想象中的明末秦淮河的春天。从孔尚任饱含激情地创作《桃花扇》时往前上溯半个世纪，在距南京一千里的河南归德，一个35岁的中年人也正沉浸在对秦淮河诗酒生活的追忆中。这个人，就是《桃花扇》的主人公侯方域。这一年，侯方域修筑了一间读书堂，取名壮悔堂。两年后，37岁的他郁郁而终。

万历四十六年（1618），正值天下鼎沸之际，侯方域生于河南归德，字朝宗。侯家乃当地望族，侯方域的祖父侯执蒲，官至太常卿，这是一个掌管礼乐、郊庙、社稷事宜的官，虽然权力不大，但在"国之大事，在祀与戎"的古代中国，却为九卿之一，算得上朝廷高级官员。侯方域的父亲侯恂，累官至户部尚书，是有其名也有其实的高级官员。侯方域的叔父侯恪与侯恂为同榜进士，后来升迁至南京国子监祭酒。总之，侯家数代为官，且大多出任掌礼乐教化之类的高级文职，从而使侯家形成了读书事举子业、通过科举考试博取功名的传统。在这种传统中成长，侯方域少年时就敏而好学，十六七岁时随父亲在京师生活，被当时的达官贵人认为生有异质，比作汉朝的张安世和唐朝的李文饶。张安世乃西汉重臣，曾与霍光共同辅佐汉昭帝和汉宣帝，封富平侯；李文饶即晚唐名相李德裕，封卫国公。官宦世家的生活，一点一滴地凝结成了侯方域性格中偏执、轻狂、好为大言和过于自负的一面。

崇祯十二年（1639），21岁的侯方域从京师赶到南京参加乡试。此时的他正值浪荡不羁的青春年华，这位风度翩翩的英俊青年把这次考试看作表现才华、结交名流的绝好时机。在南京，他与吴应箕和夏允彝等人秋日登金山，酒至半酣，侯方域指点江山，臧否人物，同行者皆因之夺气，把他比喻为三国的周瑜和前秦的王猛——侯方域留下了一幅写真，画的是他三十多岁时的形象，他手捧一卷图轴，身材矮小，面容委顿，完全看不出气吞山河的蛛丝马迹。其实，那一年的秋日登高，距他在归德追悔平生，间隔仅仅十多年。

然而，志在必得的侯方域竟然在这次考试中名落孙山，这不仅大出他的意料，也大出时人的意料。据说，这位才子之所以榜上无名，乃在于他在策论中对时局的批评过于激烈，主考官当然有理由认为这是狂生的妄诞，不录取他也是分内中的事。

从南京回到归德，侯方域感受到了落榜带来的压抑和郁闷。这时，李自成大军围攻开封，侯方域的父亲侯恂被朝廷任命为督师，负责救援。侯方域以为展示自己才华的时候到了，他向其父进言说："大人受诏讨贼，庙堂议论多牵制。今宜破文法，取赐剑诛一甲科守令之不应征办者，而晋帅许定国师噪，亟斩以徇。如此则威立，军事办，然后渡河收中原土寨团结之众，以合左良玉于襄阳，约陕督孙传庭犄角并进，则汴围不救自解。"什么意思呢？简单地说，就是侯方域建议他老爹用崇祯所赐的尚方宝剑，把不听从命令的官员和禁军主帅许定国斩首示众，以此立威。

这自然是一个没有可行性的馊主意，乃白面书生的想当然耳。如果侯恂照儿子的意见办理，非但开封不能救，恐怕自己的仕途乃至身家性命都将遭遇极大危机。以此观之，侯方域以及他同时代那帮才子，虽然相互之间以干才鼓吹，自己也以干才自诩，但往往只有干才之名而无干才之实。侯恂是久在官场的资深官员，对儿子的建议大为恼怒，他叱责侯方域的想法过于跋扈，不仅不用，还要求儿子尽早离开军营，回老家归德读书去。侯方域在归德稍事停留后，又一次赶往南京。

仿佛是一种象征或暗示，南京城里最重要的建筑、历代科考的场所——江南贡院，竟然与著名的烟花之地秦淮河比邻。是故，晚明之际，江南风月场的常客中尤以文人独领风骚，侯方域就是这些独领风骚者之一。他流连青楼，一掷千金，过着纸醉金迷的奢华生活。

侯方域如此纵情声色，即便是他同样热爱诗酒生活的朋友，也为之担忧：就在侯方域离开父亲侯恂前往南京不久，侯恂即因党派之争而下狱，但远在南京的侯方域却不以为意，"侑酒，必以红裙"——每次喝酒，必定要找小姐搞三陪。黄宗羲深感不安，对朋友说："朝宗的父亲现在还关在监狱里，他哪里该这样干呢？我们如果不提醒他，简直就是损友！"朋友们都认为黄宗羲说得对，力劝侯方域，但侯方域依然沉醉在秦淮河的香风艳雨中不能自拔。其情其景，颇似孟元老在《东京梦华录》中对当年沉醉于歌舞升平之中，却不知大祸将至的开封人的感叹："正当辇毂之下，太平日久，人物繁阜……花光满路，何限春游？箫鼓喧空，几家夜宴？伎巧则惊人耳目，侈奢则长人精神。"

侯方域与方以智、陈贞慧和冒辟疆年齿相仿，也是往来颇多的好友，同时又都出身于鲜衣怒马的官宦家庭，时称复社四公子。这四位风度翩翩的公子身上，可以提取出一些共同的因子：讲求生活的质量；多情到了滥情的地步；关心时政，以近乎夸张的方式忧国忧民——当他们从秦淮河畔的青楼抽身回到书房时，可以迅速从一个寻花问柳的富家公子，转化为书桌前奋笔疾书、不无偏激地批评时政的持不同政见者。青楼与青灯，身体的荷尔蒙与江山的安危，它们之间的跳跃如同电影的蒙太奇。

世上没有不散的筵席，如同繁华富庶的开封最终毁于女真人的铁骑一样，侯方域的秦淮河畔的幸福生活也将于1645年南京陷落时拉上帷幕。此后，侯方域辗转江湖，几次险遭不测，幸好有惊无险，最终和他的父亲侯恂一起回到故乡归德。

几年后，侯方域还会来到南京这座与他有着太多干系的城市。只不过，时过境迁，旧时的繁华已成过眼云烟。秦淮河上，依旧桃红柳绿，但他已不复青年时的浪游，更像一个被往事追赶的老人，"风飘烟散，力已如斯，而江山之恨，禾黍之悲，从可识矣"。

《桃花扇》上演时，不少经历过甲申之变的遗民还健在。

当然，岁月无情，他们已从甲申前后的青春少年，被时光改写成风烛残年的垂垂老者。一片笙歌声中，遗老们掩袂独坐，忍不住黯然泪下。然而，天崩地坼的大变革已然发生，又岂是几滴遗民的辛酸之泪能追挽得回的？

纵然是孔圣人的嫡系子孙，孔尚任也没法给身陷王朝更替之际的文人指出一条明确的大路，因而，这位大戏剧家才不得不把他笔下的主人公侯方域和李香君的结局草率地安排为出家修道。至于这出家修道，到底是解脱还是逃避，到底是宿命还是偶然，留给孔尚任这样的来者的，仍旧是一番烟水般的迷茫。

这个故事说明：

第一，侯方域早年的潇洒与壮年的落魄及早逝是一个暗示，它暗示我们，并不是所有的风流都是适性得意，很可能，你将在意想不到的未来，为这份风流买单——本金之外，还得追加高额利息。

第二，如果一定要风流，那就只能过把瘾就死。这样，你才能像法王路易十五那样牛气冲天地说，在我死后，哪管洪水滔天。

所有的理想
都是为了
破灭

1645 年中秋节后第三天，南明兵科给事中陈子龙又一次向皇帝上书了。在这封饱含愤怒和惋惜的奏章中，陈子龙批评以弘光为首的南明肉食者们乃是"清歌漏舟之中，痛饮焚屋之下"。然而，就像过去几个月里他曾充满期待呈送的关于振兴水师、关于选用贤能的奏章一样，既入深宫，就如同一滴水掉进了大海，消失得悄无声息。——他的措词严厉的批评，仍然没有得到只言片语的回复。现在，他业已明白，他曾寄托了无限中兴希望的弘光，最热爱的事情不是国家与朝政，而是饮火酒，观戏曲，玩幼女。计六奇在记录陈子龙的这封奏章时，结尾是："臣甚为之寒心也！"就是从那时起，陈子龙已经对南明痛感绝望。他明白，他所效忠的南明政府，不要说恢复中原，即便像南宋那样偏安东南，都已不再可能。清军的铁蹄早晚要踏进南京，清军的利剑早晚要刺碎他热爱的杏花春雨的江南。几个月后，陈子龙递交辞呈，离开南京，隐居于人迹罕至的四明山。

就陈子龙短暂的一生而言，他是带着理想的不断破灭走完人生之路的。对他来说，所有理想存在的意义就是为了一一破灭。

首先是爱情理想的破灭。普通人记忆里，陈子龙的名气远不如他亲爱的女朋友柳如是。作为明末艳帜高张的秦淮八艳之一，柳如是的识见与气质令后世的国学大师陈寅恪深为叹服，并在垂暮之年，以 80 万字的篇幅写了一部《柳如是别传》，旨在表彰这个晚明女子"独立之精神，自由之思想"。当陈子龙和柳如是初次邂逅时，陈子龙 24 岁，柳如是则只有 14 岁。在早熟的祖先那里，这是人生中最美丽动人的锦瑟年华。身为职业妓女，柳如是年岁虽小，接触的男人却不少。但真正令她怦然心动的，只有这个叫陈子龙、字卧子的才华横溢的江南才子。

然而，据陈寅恪先生考证，两人真正相爱的时间，其实只有一个春天和一个秋天，一共也就五六个月的样子。两人后来不得不劳燕分飞，原因有三：其一，陈子龙与柳如是相爱时，早已娶妻张氏，并育有两个孩子，虽然纳妾或狎妓在彼时都是很普遍的事情，但张氏对此却特别反对；其二，陈子龙经济并不宽裕，而柳如是自小生于锦衣玉食之家，花起钱来从来都是大手大脚，陈子龙渐渐不堪承受——原来，浪漫的爱情必得有坚实的物质作基础；其三，柳如是不拘礼法，天真烂漫，除了与陈子龙相爱外，还与当时的众多名士有所往来，陈子龙却是一个行事有底线的读书人。三个原因叠加在一起，这对恩爱的小情人最终只能洒泪而别。在陈子龙意气风发的青春岁月，爱情的破灭无疑给他当头一棒。这似乎在提醒这个豪放的年轻人：世路艰难，汝好自为之。

其次是仕途理想的破灭。陈子龙中进士后，被任命为绍兴推官。以陈子龙的抱负，他希望从这个基层职位开始，踏上出将入相的远大前程。对陈子龙这种深受儒家修齐治平人生观影响的人而言，这是一条别无选择的正途。然而，仕途理想如同爱情理想一样，很快也归于破灭。

绍兴下辖的东阳县，有个叫许都的官宦子弟，与陈子龙是朋友。陈子龙认为此人是干才，曾向上级推荐，上级却不屑一顾。不久，许都因得罪东阳县令，被县令诬为聚众谋反。许都一气之下，真的就集合了门客和追随者，接连攻下三座县城。朝廷慌了，忙派左光先率军镇压。当时，陈子龙被任命为左光先手下的监军。陈子龙提出，他和许都有旧，愿意前往说降。经过陈子龙一番耐心说服，在保证只要投降就不会被处死的前提下，许都果然遣散追随者，向左光先投降。但左光先却不顾陈子龙的一再劝告，坚持把许都处死。

正当陈子龙为没保住老朋友的性命懊恼不已时，朝廷诏命下来了：因定乱有功，陈子龙被提拔为兵科给事中。旧交的鲜血染红了自家的官帽，给陈子龙这种慷慨任侠的磊落之士带来的，不是喜悦，而是无比的尴尬和羞愤。因此，陈子龙迟迟不肯赴任，以此作消极抗议。等到他终于说服自己，打算赴任时，一个惊天动地的噩耗从京师传来：大明帝国业已灭亡。

最后是忠君理想的破灭。李自成进京和崇祯自杀、清军入关，这一系列天翻地覆的巨变，给包括陈子龙在内的晚明士人带来的是强烈的震动和恐惧，但比震动和恐惧更强烈的，则是希望在此乱世之际建功立业。陈子龙很快就到南京就任兵科给事中，并不断向弘光上奏，他希望匡扶社稷，做一个辅佐君王挽狂澜于既倒的忠贞之臣。

然而，陈子龙很快就绝望地发现，他为之抛头颅洒热血效忠的君王，乃是一个典型的昏君。除了对治理国家没有兴趣外，圣上对其他任何东西都有兴趣。不管陈子龙的奏章是热情的鼓励还是可行的建议，抑或愤怒的批评乃至大胆的斥责，都不能让这个曾写过"万事不如杯在手，一生几见月当头"的昏君有所重视。上行下效，大敌当前的南明小朝廷，最不缺的就是及时行乐，就是宗派斗争，就是权力倾轧，而中兴故国的千秋大计，永远只存在于陈子龙这种书呆子的白纸黑字和酒后的慷慨悲歌中。

当所有的理想都一一破灭，陈子龙只能逃进深山，在郁闷与愤懑的包围下写一些充满自悼与自伤的诗词歌赋——尽管这些诗词歌赋对挽救垂危的时局没有任何实际功效。当陈子龙的好友夏允彝等故交先后殉国，他也曾打算追随他们而去，但年过九旬的祖母必须由他赡养，他只得含辛茹苦地继续活下去。不久，祖母去世。隐居深山的陈子龙还想再为大明江山最后挣扎一把：他接受了鲁王的任命，并和太湖的绿林好汉相约起事。然而，"事露被获"。

当清军押送陈子龙的船只经过他的家乡松江时，他趁看守不备，纵身跳入了滔滔大运河。是年，陈子龙虚岁四十。一个毕生渴望远方渴望建功立业的人最终却绝望地死在了故乡，这更像命运和陈子龙开的一个残酷的玩笑。

这个故事说明：

第一，忠君士人的所谓理想如同肥皂泡，就是为了破灭而存在；但如果不是这些肥皂泡一样的理想，他们就没有活下去的理由和勇气。

第二，与其说哀莫大于心死，不如说哀莫大于心不死。

从著名作家
到治疮
良药

　　中国古人在酷刑的创造上不乏天才，从远古的炮烙到晚近的廷杖，花样翻新的酷刑令人瞠目。窃以为，诸种酷刑中，最血腥者莫过于凌迟。所谓凌迟，民间通称千刀万剐。要而言之，就是把受刑人绑在柱头上，由刽子手用锋利的小刀，把受刑人身上的肉一小片一小片地割下来。至于这个倒霉的受刑人到底该挨多少刀，这要由有权决定他的命运的人发话。显然，把死亡拖延得如此漫长，目的只有一个，那就是通过受刑者的极度痛苦警告旁人：若敢作奸犯科，这就是你的下场。

　　有明近三百年间，到底多少人死于凌迟，已不可考。不过，最著名的凌迟受刑者有 3 个，其一是刘瑾。刘瑾乃权倾一时的大太监，祸国害民，凌迟而死，纯属咎由自取。刘瑾被判凌迟 3357 刀，分 3 天完成。第一天凌迟了 357 刀，晚上，刘瑾被押回监舍。这个浑身是血，身上少了 357 方指甲大小肉片的家伙，居然还有心思喝两碗粥。其二是袁崇焕，这位晚明时期最具军事天才的封疆大吏，仅仅因皇太极从《三国演义》中学来一招笨拙的反间计，就被崇祯处以极刑。在他死后一百多年间，还一直背着汉奸的黑锅。尤为可叹的是，他身上的肉，竟被他所保卫的同胞们买来佐酒。其三则是本文将要说及的郑鄤。

郑鄤是今江苏常州人，出身于官宦世家，天资聪慧，18 岁中举人，28 岁中进士，写得一手好文章，是当时有名的文化人。用今天的话说，相当于一个十多岁就闻名全国的青春偶像派作家。文人大抵是容易高看自己的，尤其是那些少年得志者。他们一旦得意起来，就容易像李白那样"仰天大笑出门去，我辈岂是蓬蒿人"。郑鄤也未能免俗。他早年在京城做庶吉士时，曾大胆批评魏忠贤，为文坛领袖黄道周和文震孟等人所器重，大概已有把他培养成下一辈文坛领袖的意思了。郑鄤获罪于阉党后，辞官回乡读书写作——如果他一直坚持这种寂寞却清静的生活，也就不会有后来的悲剧了。

不幸的是，文人总是不甘寂寞的，哪怕只能写点诗词歌赋，却总以为身怀安邦定国之才。在朋友介绍下，郑鄤到京师晋见首辅温体仁，希望温体仁举荐自己。然而，温体仁本是一个无能加阴险的官僚，会见时，不知天高地厚的郑鄤侃侃而谈，竭力展示自己。其结果是，温体仁不但不打算举荐他，反而觉得此人"锋芒如刃"，今后要是做了官，必然与己为敌，不如设法剪除之——这大约是历史上最失败的一次求职面试，主考官不用你也就罢了，竟然惹得他老人家动了要从肉体上消灭你的念头。

恰好，郑鄤不肯为他继母的哥哥——也就是他舅舅吴宗达——的儿子科考出力，吴舅舅觉得这个名人外甥不把他放在眼里，不免恼羞成怒，就写了一封揭发信寄给温体仁。温体仁瞌睡遇到了枕头，马上把举报信整理成奏章，向崇祯上奏。在这封由首辅亲自署名的检举信中，温体仁给郑鄤罗列了三条耸人听闻的罪名：杖母、奸媳、奸妹。在以孝悌治国的古代中国，三条罪名中的任何一条都足以置郑鄤于死地。然而，究其实，这三条罪名或是谣言，或是出于人为的曲解。

以杖母为例。郑鄤的继母经常殴打奴婢，郑鄤为了让继母痛改前非，利用继母的迷信，串通巫婆设坛作法。作法时，巫婆宣称被殴至死的奴婢已到阴间起诉，继母将为此遭受报应。这个迷信的老太太吓得瑟瑟发抖，郑鄤一再向巫婆求情，于是以杖击二十了结。个中缘由，原本是郑鄤同情奴婢，想让他那个凶恶的继母有所收敛，所谓杖击二十，也只是轻轻拍打了二十下。但温体仁的奏章，就像一切奸猾官僚别有用心的报告一样，只有结果没有原因。至于奸媳和奸妹，则只是对郑鄤不满的士绅们传播的谣言。然而，三人成虎，何况还有当朝首辅的白纸黑字呢？再说，这部庞大的国家机器，它不为首辅说话，难道为平民说话？

崇祯接到奏章，极为震怒，下令逮郑鄤下狱，由刑部负责审理。刑部尚书冯英审问之后，认为事情并非如温体仁所言，而且，因为郑鄤本人颇有才名，是个著名作家，所以冯英的语气近乎回护。温体仁见冯英不肯按他的意思严办，借故将冯革职，郑鄤则被转移到锦衣卫镇抚司。但尽管是以诏狱著称的锦衣卫，也觉得郑鄤当了冤大头，一直不予结案。这样，著名作家郑鄤就不明不白地关在大牢里。不过，他的狱中生活倒也充实：住的是单间，吃的是小灶，还在狱中为仰慕他的士子们搞讲座，收取可观的讲课费。

郑鄤在牢中关了四年后，凌迟噩耗终于来临。崇祯十一年，京师遭遇百年不遇大旱，在相信天人感应的时代，当局认为这是冤狱所致。但当锦衣卫同知吴孟明把郑鄤当作冤案上报时，却引起了崇祯出乎意料的过激反应：他不仅不承认郑鄤有冤，反而认为郑鄤死有余辜，下令将郑鄤脔割处死。

极端独裁的国度里，圣旨既下，谁也无法改变郑鄤的命运，除非独裁者自己。但一般说来，独裁者不可能自我否定，哪怕他们明知道自己错了，也要一条道走到黑。他们固执地认为，这样做就是英明果断。

凌迟郑鄤是在崇祯十二年八月二十六日，当时，史学家计六奇亲往刑场观看，并留下了详实的目击记录：

二十六日黎明，凌迟郑鄤的圣旨下达了，外面原来猜测的判决并不对。许曦那天很早就过来，一同往西市，也就是民间所称的甘石桥下的四牌楼。天色还早，四周尚无一人，只有一些地方上的工人在据地搭建，竖起一根有横枝丫的木头在东牌坊下。旧规，处斩在西而凌迟在东。篷里则坐着总宪、大理寺少卿等执行的官员。一会儿，行刑的刽子手每人手里提着一个小筐来了，筐里装着铁钩和利刃之类的工具。他们拿出刀和钩，在砂石上磨起来。辰巳二刻，观者如山，房顶都坐满了人，声音嘈杂。郑鄤被押到南牌楼下，坐在一只大筐里，科头跣足，还在对身旁的一个童仆絮絮叨叨地交代后事。旁边观看的人说：都察院还没到，还要等一会儿才行刑。

少顷，郑鄤从人群中被押进场，看到横木丫，还在好奇地问：这是干啥的？人声鼎沸中，有人宣读圣旨，最后一句声音特别大，"照律应剐三千六百刀"，上百个刽子手一起高声应和，如同雷震，异常恐怖。炮响后，观者都踮起脚仰起头，好像一下子高了一尺多，拥挤至极，根本看不到行刑，也不知道是如何下刀的。那根有横丫的木头上，有指头大的绳子系在上面，一个人高踞其后，伸手从下面取来血淋淋的东西放到横丫上，众人仔细看时，发现是郑鄤的肝和肺，都不胜骇怕。一会儿，绳子又放下来了，这一次挂上去的是郑鄤的人头。人头之后，挂上去的是郑鄤的身子，他的背还是一体，只是被一刀刀地割成了刺猬状。须臾，一个拿着小红旗的人向东边疾驰而过，据说是到宫中向皇帝汇报凌迟刀数的。

到中午，凌迟结束，天亦暗惨至极。回家途中，看到许多购买郑鄤的肉的人，听说是用来作治疮疖药的原料。——一个多年来富有才名的士大夫，竟然被一刀刀地零割了给人用作治疮疖的药，计六奇感叹不已："二十年前之文章气节、功名显宦，竟与参术甘皮同奏肤功，亦大奇矣。"

郑鄤在狱期间，从没想过会被处以凌迟。在获悉将被凌迟的前一天，他拿起笔在纸上画了个太阳，一会儿再慢慢涂黑，意在表达有天无日的悲愤。只是，人在深宫的崇祯和已经下台的温体仁无法看到了，即便看到了，至多从鼻孔里哼一声表示轻蔑罢了。

崇祯之所以要置郑鄤于死地，在于此时的大明已经举国鼎沸：这一年，原本投降的张献忠和罗汝才揭竿再起，追剿官军大败而还；虎视关外的清军深入山东，攻陷重镇济南。崇祯无可奈何，他得找一个出气筒。恰好，郑鄤就是最佳人选——在杖母、奸媳和奸妹三桩大罪下，崇祯对郑鄤的处罚越严厉，也就越能表明自己在道德上所拥有的至高无上的优越感。至于日非的国事，似乎也会因这种虚拟的道德优越感而注入一剂强心针。更何况，严惩郑鄤既可以转移民众视线，又能诏示圣朝以孝悌治天下的既定方针。

这个故事说明：

第一，可怕的宫廷斗争具有匪夷所思的威力，能够把一个著名作家变成一堆治疮良药。

第二，文人一定要练习刀枪不入之术，如其不成，那就夹紧尾巴做人，不要把自己当根葱到处去求职。

钱谦益的
幸福指数

生逢乱世，文人的幸福指数一般不高，比如理想不断如肥皂泡破灭的愤怒青年陈子龙，比如他那个十几岁就引刀成一快的天才学生夏完淳，莫不如此。或者曾经幸福指数很高，但一旦遭遇江山鼎革的变乱，就立即从天堂掉入地狱——这方面，比如小品文作家张岱，他生于锦衣玉食之家，甲申之变前过着衣来伸手、饭来张口的生活。每日只是吟诗作赋，饮酒浪游，有足够的闲钱和闲时去"好精舍，好美婢，好娈童，好鲜衣，好美食，好骏马，好华灯，好烟火，好梨园，好鼓吹，好古董，好花鸟"，但甲申之变后却不得不披发入山，陋室中唯有破琴残砚而已，吃的是野菜，穿的是布衣，还常常面临揭不开锅的窘境，乃至回首往事，有如隔世。

与陈子龙、夏完淳的毕生苦涩和张岱的半生苦涩不同，同样遭遇了国祚变乱的钱谦益是个少见的异数：他毕生文场、情场、官场三场得意，他的幸福指数即便放在承平时代，也是绝大多数文人望尘莫及的。

钱谦益28岁时即高中进士，名列第三，俗谓探花，这在比万马千军过独木桥还要拥挤的科举场上，算是少年得志。更兼钱谦益出生于文化积淀至为深厚的江南，加上本人又聪明好学，30多岁时就成为东林党主要人物和当时举世公认的文坛领袖。东林党的清流派性质和文坛领袖的清雅风流，为钱谦益赢得了极大的名声和广大士民的尊重，当时的文人都尊称他为虞山先生。不少比他稍为年轻的文人，无不以能够成为他的门生而倍感荣幸。入清后，钱谦益仍然是公认的文坛领袖，时人把他与吴伟业、龚鼎孳并称为江左三大家。与钱同时代的学者和书画大师黄道周对钱的才华深佩于心，曾在给崇祯的奏章中宣称，"文章意气，坎坷历落，臣不如钱谦益、郑鄤"。

清朝乾隆统治时期，这位自称有十全武功的自恋皇帝下令修撰了一部《贰臣传》，收录的标准就是那些"在明已登仕版，又复身仕本朝"的官员，钱谦益亦在所难免。不过，尽管是这部深具贬义的史书，也不得不承认钱谦益的文学才华，"博学工词章……为文博赡，谙悉朝典""以文章标榜东南""诗古文词冠绝近代"。作为一个以诗书自诩并自立的文人，钱谦益执文坛牛耳达半个世纪之久，可以称之为大明及后来的大清实至名归的文坛祭酒。

情场的得意，几乎也悉数得之于文场的得意。钱谦益60岁那年，举行了一场被人扔砖块的婚礼——晚明时期，文人纳妾狎妓，皆为世人宽容理解，但钱谦益纳妾时，用的是娶原配的礼仪，而当时不仅他的原配尚在，且所纳之妾，乃一青楼女子，于是深觉礼法名器受到伤害的士人们竟纷纷往迎亲的船上扔砖头。

钱谦益以如此惊世骇俗之礼纳的小妾，就是陈子龙的前女朋友柳如是。柳如是在与陈子龙分手后，继续过着她那特立独行的才女加神女的生活。有一次，钱谦益偶然读到柳如是的诗，被一句"桃花得气美人中"所打动，赞赏不已。不久，在朋友的撮合下，二人同游西湖，联席赋诗。对这位长自己36岁的文坛领袖，柳如是满怀崇敬。这次游湖后，她向江湖放言：今生非钱谦益这样的男人，绝不婚嫁。不久，柳如是女扮男装，前往钱府再次拜见钱谦益。落花有情，流水有意，二人在彼时完全不被看好的爱情发展到了高潮：钱谦益在十天之内，为柳如是修了一座取名叫我闻室的房子，作两人的爱巢。次年，便举行了那场被时人认为伤风败俗的隆重婚礼。钱谦益和柳如是的婚后生活，甜蜜得叫人忌妒，而这份甜蜜，源自两人共同的情趣和相互对对方才华的欣赏，以及在此之上的声息相通的调侃。有一次，柳如是在闺房梳头，青丝乌亮，纤手粉嫩，钱谦益不禁感叹说，"我爱你乌个头发白个肉"，柳如是回曰"我爱你白个头发乌个肉"，言毕均大笑不止。

就像几乎所有自以为怀揣利器的读书人一样，钱谦益从年轻时起就希望能够出将入相，实现更为远大的政治理想。但公正地讲，与文场和情场相比，他的官场虽不算失落，但也不能说春风得意。

钱谦益高中进士后，授翰林院编修。古代中国政治体制下，这是一个相当于后备人才的职位，虽然不高，却大有飞黄腾达的机遇。钱谦益在做过几次乡试主考官和侍读学士后，终于升至礼部右侍郎。但旋即因与温体仁争权而在斗争中落败被免职，长期在家乡闲居，过着诗酒风流的半隐生活——他和柳如是的爱情故事，就发生在这一时期。

甲申之变后，福王在南京被拥立为帝，是为弘光。弘光朝廷真正的掌权者，乃拥立有功的马士英。其时，隐居家乡的钱谦益看到了仕途的希望之光：与马士英关系很铁的阮大铖，也是他的哥们儿。哥们儿的哥们儿也是哥们儿，这样，当钱谦益不惜动用多种关系之后，他终于当上了这个残汤剩水的小朝廷的礼部尚书。然而，钱谦益所依托的弘光小朝廷，不过是一帮蝇营狗苟的乌合之众，这个朝廷的主宰者们最大的爱好就是如何争权夺利，如何及时享乐。仅仅一年多工夫，原本拥有中国南方广阔地域的弘光小朝廷就走到了尽头。

当清兵进逼南京，柳如是劝他亲爱的夫君赶快自尽，以免成为清军的俘虏，但钱谦益面有难色。柳如是再三劝说，钱谦益只得勉强跳入园中的池塘，在池塘里站了一会儿，又爬上岸说："池水太冷。"于是，清军进入南京时，走在开门纳降的明朝高级官员行列之中的，便有这位文坛领袖。入清后，清朝任命钱谦益为礼部右侍郎，兼《明史》副总裁。但在新朝任上，钱谦益只干了短短半年，便称疾辞官，回归故里。次年，他因受人牵连，被捕入狱，当他的儿孙及故友都仓皇无计时，柳如是亲往南京营救，才得免一死。此后，两人继续在新政府的新太阳下继续他们旧时代的旧生活，对这位已经60多岁的老人来说，政治算是远去了，入目的，只有学问与诗酒。

钱谦益生前及身后，均遭受过大量义正辞严的批评，认为他乃明朝高级官员，理当为明朝尽忠殉葬，即便不能尽忠殉葬，也不该在清朝继续当官。因此，他是不折不扣的贰臣。

然而，换个角度思考，我们对钱的指责实在有些过于苛刻。作为一个个体，趋利避害乃是其本能，钱谦益没有选择自杀殉明，而是像普通百姓那样活了下来，说明他只想活在世上，这种起码的要求并不过分。何况入清之后，他并没干过坏事，任职时间也仅仅半年，连文化汉奸也说不上。也许他之所以被乾隆列入《贰臣传》，就在于乾隆恼恨他这种貌合神离、虚与委蛇的合作。

这个故事说明：

第一，不要轻易自杀，跳水太冷，刎颈很痛，上吊会死得很难看，天下是人家皇帝的，只有命才是你自己的。

第二，就老作家钱谦益和美女作家柳如是的人生观来看，老作家到底还是要比美女作家和青年作家老谋深算一些。发了疯去爱别人家的江山，下场很可能就像柳如是的前男朋友陈子龙那样悲惨。

掉进
米缸

从无法生活下去的下岗驿卒到明王朝掘墓人，李自成的一生极富传奇色彩，也极富悲剧色彩。随着甲申年脚步的临近，李自成越来越兴奋地意识到，大明的江山就要成为自家的产业了。但正如一部著名影片的台词说的那样，他猜到了故事的开头，却没猜到故事的结尾。甲申年的李自成猜到了自己将成为大明帝国的掘墓人，将坐上金銮殿那把高贵的龙椅，却无论如何也没想到，他只能坐一天。为了这一天，他付出了二十多年的努力。

崇祯三年（1630），李自成加入到造反者行列。这一年，崇祯一方面任命素有能臣之称的杨鹤为三边总督，运用剿抚并重的方式处理民变；另一方面，却宣布加派辽饷。更多的农民卖儿卖女后仍然无路可走，他们被政府这根绳子越来越紧地勒住了脖子，任何挣扎都力不从心，只能纷纷揭竿而起。

据说，一个人的才华是掩盖不了的——除非由他自己来掩盖，否则，它就会像装在布袋里的锥子一样，早晚会冒出锋利的尖头来。驿卒李自成本是个任人宰割呵斥的小角色，在帝国数千万老百姓中，他的存在并不比一只蚂蚁更重要。但加入造反者行列后，他变得越来越重要了。与其他农民军首领相比，李自成的个人素质明显高出一筹。就连官修的《明史》也不得不承认，李自成"不好酒色，脱粟粗粝，与其下共甘苦"。因此，他才能很快就从众多农民军将领中脱颖而出，由闯将而闯王，由闯王而挥师京城。

但是，李自成不可能意识得到，攻下京城其实才走完第一步，他还有许多比打下京师更重要的事情要做。但他和他的兄弟们都以为造反已经大功告成，现在，享受和收获的季节已经来临——他们以为打天下坐天下也如同"春种一粒粟，秋收万颗子"那样简单而顺理成章：既然此前过着几千个刀头舔血的担惊受怕的苦日子，现在皇帝已死，大明已灭，紫禁城都在咱们手中了，不正该好好过几天舒心日子吗？

郭沫若在那篇影响巨大的《甲申三百年祭》中对李自成

的悲剧作了这样的总结："在过短的时期之内获得了过大的成功，这却使自成以下如牛金星、刘宗敏之流，似乎都沉沦进了过分的陶醉里去了。进了北京以后，自成便进了皇宫。丞相牛金星所忙的是筹备登极大典，招揽门生，开科选举。将军刘宗敏所忙的是拶夹降官，搜括赃款，严刑杀人。纷纷然，昏昏然，大家都像以为天下就已经太平了的一样。近在肘腋的关外大敌，他们似乎全不在意。……个人的悲剧扩大而成为种族的悲剧，这意义不能说是不够深刻的。"

可以说，刚入城时的农民军还有严格的军纪，对民众基本保持了秋毫无犯的良好作风。与抢劫民间、杀良冒功的左良玉之类的官军相比，农民军更受民众拥护。然而，事情很快就向另一个极端发展，那就是农民军加速地失掉了人心，被越来越多的吏民认定是必欲除之而后快的流贼。

以貌似正义之举的拷掠百官为开端，大顺农民军这支刚进城时曾令京师吏民不胜欢欣的队伍很快就裂变成令人谈虎色变的嗜血狂。他们抢掠、拷打的对象，很快就从高级官员扩大到一般富户，再进一步扩大到了寻常百姓。

《甲申传信录》说，大顺军队刚进京师时，初入民舍，还只是借借锅灶和床榻之类的生活用品，很快，他们闯进居民家中，声称"借汝女妻作伴"——面对这些刀鲜剑亮的征服者，倒霉的居民只能是刀俎上的鱼肉。由此，这支原本深受民众拥护的军队，以令人难以置信的速度失掉了民心。至于后来吴三桂向清朝借兵，以致清军入关，这是历史的插曲——可以断言，没有清军入关，失掉了民心的李自成的江山同样坐不长。

何况，以我们今天的眼光来看，占据京师的李自成应该做而没有做或者说没做好的事情还有四件：

第一，吴三桂的关宁铁骑是明官军的王牌，它还守卫在山海关，还处于东摇西摆的骑墙状态，而吴襄在李自成手中，吴三桂一家都在李自成手中，这正是招降王牌军的王牌。李自成做了，却做砸了。

第二，虎视关内的清军随时可能入关，是战是和，李自成完全没有考虑。

第三，尽管南京小朝廷为了谁继大统而忙于内讧，一时间不可能派军队北伐，但农民军与南朝的势不两立是必然的，李自成应该趁着南朝的混乱南征。

第四，农民军一下子占领了如此辽阔的地盘，却没有真正建立起属于自己的稳定政权。

以上四件，任何一件都比拷掠百官追索金银重要十倍百倍，可惜的是，人在深宫的李自成没能看到，他的谋士们和将军们也没能看到。他们只看到了一个花团锦簇的叫作京师的花花世界。

窃以为，李自成身上，更多混合了流氓无产者、江湖好汉和下级军官的特质，形成了他粗放又狭隘、率真又任性的性格。也就是说，他本身基本不具备一个成大业者的素质，他适合与士卒称兄道弟，大碗喝酒，大块吃肉，当一个草莽英雄，却没有开创一个王朝、治理一个国家的才干和胸襟。甚至，如果不是箭在弦上，他也许并不曾想过要称帝。

　　只有这样，我们才能理解两件蹊跷之事：

　　其一，李自成兵临城下，攻陷京师已指日可待时，却主动向瓮中之鳖崇祯提出议和，条件仅是分国而王。这说明，他的最高理想，也不过是接受朝廷的高层次招安，不愿意背负弑君的恶名。虽然明朝原本也是由农民军首领朱元璋打下的，但与朱元璋相比，这位相隔两百多年的另一代农民军领袖，却没有朱元璋那样大的野心和魄力。

　　其二，李自成在京师一共待了 42 天，之前的 41 天，他有足够的时间和精力穿上龙袍称孤道寡，但他没这么干，而是在被清军打败后，必须撤离京师的最后一天，他才草率地宣布登基。这一行为不像有预谋的政治活动，倒像一个任性的孩子在破罐子破摔。

　　野史记载的一个故事，更形象地白描了李自成的草莽英雄形象：

　　李自成最重要的谋士牛金星劝说他在甲申年四月十五日

举行祭天仪式。祭告上天，这是历代帝王登基之前都要走的过场。为了走好这一过场，牛金星请李自成在宫中演习一番，李自成很不情愿，勉强同意了。演习要求李自成不慌不忙，表现出稳重庄严的样子，但李自成根本没耐心，他很快就不耐烦了，几次脱下过于夸张的黄袍，取下沉重的头冠，有些恼怒地对目瞪口呆的礼官说："我马上天子耳，何用礼为？"转身就离开了演习现场。经过御膳房时，还顺手抓起一块生肉放进嘴里大口啃食起来。

接下来的故事人所共知：李自成亲征吴三桂，两军于山海关激战时，满洲铁骑横空杀出，自成大败，逃回京师。甲申年四月二十八日，李自成在风雨飘摇的京城登基即位。次日凌晨，这位真正登上帝位还不到一天的草莽英雄怆然撤离。

这个故事说明：

第一，老鼠偶然掉进了盛米的缸子，先是惊，后是喜，接着就是疯狂大吃，等到把米缸里的米吃得差不多了时，才猛然发现要跳出空荡荡的米缸已经十分困难。

第二，这个故事说的其实既不是老鼠，也不是李自成，而是人类身上固有的劣根性。

在意淫的
感动中

　　毕生百折不挠地和农民军作战，最终却被农民军逼得走投无路，绝望之际只得上吊自杀的崇祯，他无论如何也不会预想到，在他死后不长的时间里，他的半壁江山的继承者竟然不得不和他仇视了一辈子的农民军合作。他们朱家残羹冷炙般的小王朝，竟然要依靠农民军的忠诚与庇护，才能含辛茹苦地苟延残喘。历史给人的警醒，有时就在于这种峰回路转的吊诡。

　　张献忠这个名字，崇祯当然是知道的，虽然他们不可能见面。但作为第二大的农民军首领，张献忠称得上崇祯必欲除之而后快的心腹大患。甚至，崇祯对张献忠的仇恨可能比对李自成更甚——李自成毕竟只是一个站在明处的敌人，张献忠却隔三差五地玩假投降，时而在明处，时而又在暗处。对张献忠的义子李定国，崇祯就不一定知道了——毕竟，当崇祯在凄风苦雨的甲申年春天走上绝路时，李定国还是一个24岁的小青年。

正史上说张献忠有妻有妾——还曾经被明官军俘虏过。笔记上则说张献忠的妻妾共有8人，后来在成都称帝时，还装模作样地册封了东宫西宫。但不管他到底有过多少女人，一个不争的事实是，张献忠似乎没有生育能力——其一，史书上没有说到他的子息；其二，正因为没有子息，他才有收养义子的嗜好。张献忠一共收养了4个义子，即孙可望、刘文秀、艾能奇和李定国。在清军铁蹄的步步紧逼下，张献忠的大西国很快就昙花一现地凋零：他本人在西充被射杀，他的残部由4个义子分别率领，且战且退地收缩到了贵州和云南。4个义子中，年岁最大的孙可望自立为国主，其余3人，皆封王。

张献忠战死是1647年的事情，彼时的局势是，南明弘光朝廷已经覆亡；明朝宗室唐王在福州称帝，是为隆武，旋即被俘死难，其弟继位，是为绍武；鲁王在绍兴宣布监国，不久就在清军追击下逃亡入海，不知所终；桂王在广东称帝，是为永历——这是南明几个皇帝中最有见识，享国也最长，命运却最悲苦的一个。其时，清军铁蹄横扫大江南北，李自成在湖北战死，余部转战湖广。就当时的局势来说，农民军、南明军和清军，三者互为敌人。三者之间最有可能联手的，则是农民军和南明。一方面，两者势力最弱，面临被清军一一剪除的危险；另一方面，农民军虽然逼死崇祯，但那毕竟只是朱家亡天下的事情，而清军入侵，则使汉人面临"亡种"的更深重的危机。这种前提之下，张献忠的四个义子与永历走到了一起。

张献忠的4个义子中，论能力和人品，李定国都是当之无愧的第一。论实力和权力，则推孙可望为首。但孙可望是一个心胸狭窄的人，他对才华卓越的李定国这个名义上的小弟弟，一直颇为忌惮。再加上孙本人抱有不测的政治野心——当他在贵州看到永历的追随者势单力薄时，就已经萌生了彼可取而代之的想法。然而，他想要废掉永历自立为帝，首先要过的一关就是李定国。因为，在接受永历所代表的正朔的封赏之后，李定国已经自觉地把自己的身份从一个不得已而起于风尘之间的流寇转变为了一个正值危急存亡之秋的小朝廷的孤忠之臣。这样，孙可望和李定国之间的决裂就成为迟早要发生的事。

果然，当李定国在一再忍让之余，仍然无法释怀于孙可望对永历的屡屡欺凌犯上时，他把永历迎到了自己的根据地云南。次年，孙可望率大军来袭，孙以为这是一次毫无悬念的战斗，他的人马远比李定国和其追随者刘文秀更多。战前，孙可望就高调打制了三百副枷锁，宣称打下昆明，就要用它们戴在永历和李定国等人颈上。然而，孙可望的倒行逆施注定不得人心，他的部将们纷纷阵前倒戈，孙可望仅以身免，一气之下投降了清军。通过他，清军得以掌握了西南虚实。数年后，失去了利用价值的孙可望在游猎时被莫名其妙地射杀。

时局的发展对南明越来越不利，尽管西南有李定国苦撑危局，东南有郑成功和张苍水跃跃欲试，但战争的胜负并不完全以正义者的胜利而告终，就像一个道德正确的人，并不意味着他的生存技能也一定高明一样。然而，就如同清军也不得不承认的那样，李定国乃是他们入关以来遭遇到的最可怕的对手。李定国在桂林一战中，逼得定南王孔有德自杀；在衡阳一战中，斩杀庄亲王尼堪。黄宗羲后来感叹："逮夫李定国桂林、衡州之捷，两蹶名王，天下震动，此万历以来全盛之天下所不能有。"

然而一城一池的局部胜利，并不能扭转物极必反的大势。随着清军步步进逼，李定国的地盘越来越小。清军进入云南，他只能护佑着在帝位上一直疲于奔命的永历往滇西撤退。在滇西磨盘山，李定国设下埋伏——这是大明与大清的最后一次成建制、上规模的战斗。这次战斗原本可以歼灭吴三桂主力，但由于一个姓卢的文人作了犹大，李定国的埋伏以双方各自损失惨重告终。从此，永历率领一帮鹑衣百结的官员逃往缅甸——最困难时，永历甚至打算把他的金制的公章拿出去卖掉买点东西填肚子。李定国则游击于中缅边境。在吴三桂所率清军的步步紧逼下，生怕惹火烧身的缅甸国王把永历一行交给了清军。吴三桂把永历押回昆明后用弓弦绞死。此时已是大清康熙元年，即1662年，距甲申之变已过去了整整18个年头。

原本就缠绵病榻的李定国得悉永历死讯，他明白复兴大明已经彻底成为镜花水月，不久，就病死于异国的莽莽丛林中。临终，他告诫儿子和部众：宁死化外，不降清朝。但他的儿子和部众既看不到坚守化外的希望何在，也被热带雨林的酷热折磨得英雄气短，不久就向清朝投降。

从少年时投身到张献忠的农民军，作为一个叛乱者攻城略地，到成年后对自己曾志在推翻的明帝国鞠躬尽瘁，死而后已，李定国的这种一百八十度大转弯令人惊异。在这种大转弯背后，深藏着一些中国式的内因：

首先，是来自对正统的认同。再胆大包天的造反者，其内心也有一种自认草寇的潜意识，一旦有机会得到正统的认可，他们必将回报以十倍的热忱。

其次，具体到李定国，这个农民军中不多的有文化的将领，其身上有一种忠臣情结。李定国军中有个叫金公趾的书记，曾经是个有功名的读书人，此人经常为李定国等人讲解《三国演义》。金公趾的讲解方法是历史与现实相结合，可谓寓教于乐，相当于战地动员。他每每把孙可望比作董卓和曹操，把李定国比作诸葛亮。李定国由是大为感动，向金和其他人表示，"孔明不敢望，关张、伯约不敢不勉"。——我当不了诸葛亮，但也要以关羽、张飞和姜维这些榜样来勉励自己。

后来，永历封李定国为王——虽然此前他已被他的义兄孙可望封为王，但孙所封的无疑是山寨王。永历虽没落，却代表了一个有着两百多年历史的正统王朝，李定国于是"誓努力报国，洗去贼名，百折不回，殉身缅海，为有明三百年忠臣之殿"。也就是说，大明三百年忠臣榜的最后一名，就是这个曾经的造反者。

这个故事说明：

第一，人总得有点精神才能活下去，哪怕这精神是意淫，但意淫有时候也能强身健体，让人真正像个人一样活下去。

第二，永历只能依托大明曾经不断围剿的草寇才能生存，这不是草寇的光荣，而是一个享国近三百年的大帝国的悲哀，好比病危的猫，竟然要靠老鼠扶养。

再版
后记

　　2008 年，我出版了一本迄今为止都还满意的书，即长篇历史随笔《1644：帝国的疼痛》。那是一部探讨明清鼎革的专著，编辑拟就的内容提要概括为"以生动的笔法为读者描绘出 1644 年中国全景：从崇祯皇帝的末路，李自成的勃兴与衰落，到努尔哈赤及其子孙的苦心经营，还有江阴的悲壮抵抗……"总之，该书试图全方位反映一个王朝的灭亡和另一个王朝的兴起，它选择了从 1644 年这个关键年份切入，前溯后探，力图真实还原并剖析那段惊心动魄的历史。

　　该书由中华书局出版后，我仍意犹未尽。此后三年间，继续关注、挖掘明清交替之际的人与事。与《1644：帝国的疼痛》不同的是，这一次，我没有采用长篇随笔的方式，而是先后从不同角度，以不同人物、事件为核心，写了 42 篇 3000～5000 字的短文。这些短文先后在一些期刊上以专栏或其他形式刊发，并于 2012 年由中华书局结集出版。这就是《皇帝不可爱，国家怎么办》。

一晃 8 年过去了，与中华书局的版权亦已过期。承蒙湖南人民出版社美意，得以再版。趁此机会，我对全书进行了一次修订，主要是对个别用词和语句进行了微调，尽量使之更准确，更经得起检验。顺理成章，书名也做了改动。

2020 年 9 月 26 日于成都